创新创业教育"十四五"规划教材

创新创业实务
——筹备篇

禹会环　蓝荣东　杨庆颖　石如玉 ◎ 主编

华中科技大学出版社
http://press.hust.edu.cn
中国·武汉

内容提要

新时代下,中国将创新创业上升为国家发展的战略高度,出台了一系列激励政策和措施来推动创新创业。教育部明确指出,要深化本科教育教学改革,提高人才培养质量,其中就包括强化创新创业教育。高校开展创新创业教育对大学生就业具有多维度的积极效应。通过系统的创新创业教育,学生不仅可以提升个人职业竞争力,还能培养出适应未来职场的综合素质。

本书侧重于夯实创业前的准备工作,从以创新为基础的创业思维出发,分别从创新是创业的基础、创新思维的培养、创业机会与风险识别、创业团队的组建与管理、商业模式的设计与创新、产品规划与市场营销策略的制定、创业资源的获取等7个板块展开介绍,让学生从"有什么、想干什么、缺什么、如何解决"这4个方面入手去对创新创业进行认知和实践。

本书采用任务驱动式的教学模式,侧重提升学生的实践能力,有利于学生将所学的理论知识与实践相结合,以加深对创新创业的理解,为创业做好充分准备。

本书可作为普通高校、高职高专各年级创新创业课的教材,也可供有志于创业的读者参考。

图书在版编目(CIP)数据

创新创业实务. 筹备篇 / 禹会环等主编. -- 武汉:华中科技大学出版社,2024.9. -- ISBN 978-7-5772-0881-7

Ⅰ. G647.38

中国国家版本馆 CIP 数据核字第 2024MK0241 号

创新创业实务——筹备篇
Chuangxin Chuangye Shiwu——Choubeipian

禹会环　蓝荣东　杨庆颖　石如玉　主编

策划编辑:汪　粲
责任编辑:陈元玉
封面设计:廖亚萍
责任监印:周治超

出版发行:华中科技大学出版社(中国·武汉)　电话:(027)81321913
　　　　　武汉市东湖新技术开发区华工科技园　邮编:430223
录　　排:华中科技大学惠友文印中心
印　　刷:武汉市籍缘印刷厂
开　　本:787mm×1092mm　1/16
印　　张:14.5
字　　数:287 千字
版　　次:2024 年 9 月第 1 版第 1 次印刷
定　　价:49.80 元

本书若有印装质量问题,请向出版社营销中心调换
全国免费服务热线:400-6679-118　竭诚为您服务
版权所有　侵权必究

前言
Preface

为了全面推进素质教育,教育部连年扩招使得大学生在校人数与日俱增,同时也使得毕业生人数激增,就业压力增大。相关机构统计显示:进入 21 世纪后,我国普通高校毕业生人数已突破 200 万大关,在 2013 年全国应届毕业生人数达到历史之最的 700 万,而全国高校毕业生平均就业率为 70%。由此可见,竞争比较激烈,就业形势比较严峻。若有创新创业意识,则可能让大学生脱颖而出,屹立于就业大军中。创业是就业的另一种模式,所不同的是,创业者不是被动地等待他人给自己就业机会,而是主动地为自己或他人创造就业机会。目前,我们国家提倡和鼓励大学生自主创业,并为此出台了一系列包括工商、税务等方面的优惠政策。之所以提倡大学生创业,除了缓解目前就业压力外,更重要的是要引导大学生具有一种敢于开拓的创业精神。

本书针对当前大学生创新创业教育以及创业过程中遇到的实际问题提供全方位的指导,希望能帮助大学生培养创新思维、树立正确的创业意识、实现创意构思、发掘项目、启动资金预算和筹集款项,并学会风险防范,最终使大学生提高自己的创新、创业技能。

目前市场上的创新创业书籍种类繁多,质量参差不齐,培养目标不聚焦,且读者难以有效运用工具或方法付诸实践。大部分书籍只对创新创业的基本理论和程序进行了简单罗列,没有聚焦,且少有学生动手实践部分内容的介绍。

全书侧重于夯实创业前的准备工作,从以创新为基础的创业思维出发,分别从创新是创业的基础、创新思维的培养、创业机会与风险识别、创业团队的组建与管理、商业模式的设计与创新、产品规划与市场营销策略的制定、创业资源的获取等 7 个板块展开介绍,让学生从"有什么、想干什么、缺什么、如何解决"这 4 个方面入手去对创新创业进行认知和实践。全书以理论与案例相结合的方式组织内容,尽可能采用贴近当代大学生生活的案例,具有时代性、典型性,并且与课程要求的知识点和技能点有效地衔接、紧密地配合。

本书采用任务驱动式的教学模式,侧重提升学生的实践能力,有利于学生将所学的理论知识与实践相结合,以加深对创新创业的理解,为创业做好充分准备。另外,本书配备了完整的教学资源,包括课程大纲、课件、教案、活动方案和扩展阅读材料等,方便教师备课和授课。

本书可作为普通高校、高职高专各年级创新创业课的教材,也可供有志于创业的读者阅读。

全书共分为7个项目。每个项目分为2个到多个任务,共计12个实训。建议授课教师每个任务按1~3课时进行授课,总课时不超过32课时。

本书在编写过程中,参考了相关论著、教材和期刊等,特此说明并致谢,因各种条件受限,未能与原作者取得联系,敬请谅解。

由于编者水平有限,书中难免有不妥之处,恳请广大读者批评指正。

编者

目录 contents

项目一　创新是创业的基础　　1

　　任务一　创新是创业者应具备的基本素质　　2
　　任务二　创新是企业发展的根本动力　　7
　　任务三　想象、创造、创新和创业　　9
　　实训　激发创新意识　　15

项目二　创新思维的培养　　18

　　任务一　开启思维训练之门　　19
　　任务二　创新的来源和原则　　29
　　任务三　创新常用的思维方法　　43
　　任务四　常用创新思维技法与训练　　54
　　实训一　突破思维定式　　66
　　实训二　创新思维技法训练　　68

项目三　创业机会与风险识别　　71

　　任务一　怎样找到创业机会　　72
　　任务二　怎样评估创业机会　　74
　　任务三　如何预防创业风险　　80
　　任务四　创业失败的应对　　87
　　实训　评估创业机会　　90

项目四　创业团队的组建与管理　　97

　　任务一　如何组建创始人团队　　98
　　任务二　如何管理创业团队　　107
　　实训一　选择合伙人　　126
　　实训二　打造高效创业团队　　127

项目五　商业模式的设计与创新　　132

任务一　认识商业模式　　133
任务二　如何设计商业模式　　135
任务三　如何进行商业模式的创新　　147
实训一　调查和分析企业的商业模式　　151
实训二　设计你的商业模式　　152

项目六　产品规划与市场营销策略的制定　　156

任务一　如何设计产品规划　　157
任务二　如何制定市场营销策略　　171
实训一　设计你的产品规划画布　　178
实训二　制定你的市场营销策略　　179

项目七　创业资源的获取　　183

任务一　认识创业资源　　184
任务二　如何获取创业资源　　186
任务三　如何为创业融资　　191
任务四　如何撰写创业计划书　　203
任务五　如何进行创业项目路演　　208
实训一　为你（们）的创业项目撰写创业计划书　　213
实训二　为你的创业项目路演　　220

参考文献　　223

项目一　创新是创业的基础

学习目标

1. 了解新时代创新创业的内涵、意义；
2. 理解创新意识的内涵，突破思维定式，掌握创新意识的培养方法。

思维导图

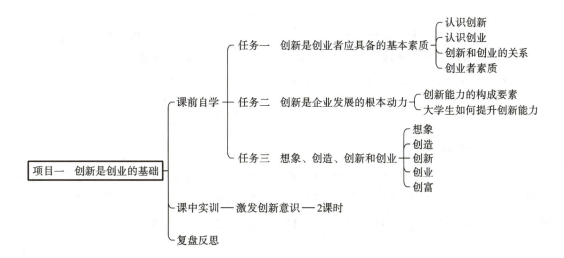

课前自学

任务一　创新是创业者应具备的基本素质

现在创业的热潮只增不减,越来越多的人选择自主创业,创新能力是创业成功的前提和条件,创业成功是创新能力的最终结果。"创新是一个民族进步的灵魂,是一个国家兴旺发达的不竭动力",我们需要时刻牢记"创新"的理念,主动去培养自身的创新能力。

(一)认识创新

课堂活动:发现身边的创新

活动内容:生活中无时无刻不存在着创新,伴随着成长,我们也见证了很多事物的更新迭代,比如风扇从最早的矮脚定向风扇升级为可调风速、可摆头、可升降的新式风扇,上菜机器人代替传统的服务员等。请同学们思考生活中见过的创新的例子,并予以分享。

1. 创新的内涵

创新遍布于人类生活的各个方面,如观念、知识、技术的创新,政治、经济、商业、艺术的创新,工作、生活、学习、娱乐、衣、食、住、行、通信等领域的创新。"创新"一词原有三层含义:更新;创造新的东西;改变。我国古书中也曾提及创新,如《魏书》中有提及"革弊创新",《周书》中有提及"创新改旧"等。

经济学上,创新概念起源于美籍经济学家熊彼特在1912年出版的《经济发展理论》一书。熊彼特在其著作中提出:创新是指把一种新的生产要素和生产条件的"新结合"引入生产体系。它包括五种情况:引入一种新产品,引入一种新的生产方法,开辟一个新的市场,获得原材料或半成品的一种新的供应来源,形成新的组织形式。

随着时代的发展、技术的革新,人们对创新的认识也在不断地推进。

2. 创新的分类

提及创新,人们第一反应是产品的创新、技术的创新,其实创新的种类不止于此。创新主要有思维创新、技术创新、产品(服务)创新、营销创新、管理制度创新、商业模式创新等。

1)思维创新

思维创新是突破思维定式的第一步,也是一切创新的前提。若未打破思维定式,则会阻碍创新的进程。我们可以看到,生活中许多行业给出丰厚的待遇,不断地招募或引进新的人才,其归根结底就是期望给行业、给公司带来新的观念、新的思维,以便其突破固有模式,不断创新,探寻新的机遇。

2)技术创新

对于一个企业而言,技术创新是其赖以生存之本,也是立足市场之根。技术创新包括但不限于自有技术更新迭代、研发新技术、引入他方开发技术等。比如华为,作为通信行业的龙头企业,在通信技术、基站建设领先的情况下,自主研发"鸿蒙"操作系统、"海思"芯片,多方位提升自身的综合竞争实力。

3)产品(服务)创新

不同性质的企业,创新需要有针对性,比如生产性企业,产品需要创新;服务性行业,服务需要创新。2000年时,我们的通话工具是黑白屏幕的手机、公用电话、传呼机,而今,通话工具已演变为智能手机,它具备高清拍照、听歌、玩游戏等功能,再比如每年各大公司推陈出新的电子产品,性能一代比一代强,这都形象地告诉了我们产品创新的速度之快。餐厅衍生出了外卖服务,这就是服务创新。

4)营销创新

在新时代的背景下,营销业态也受到各种新名词、新概念的剧烈冲击。威廉·H.达维多提到,伟大的设计在实验室产生,而伟大的产品在营销部门产生,由此可见营销创新的重要性。营销创新包括营销策略、方法、渠道、广告策划、活动策划等方面的创新,比如周大福在2018年抓住机会投资小红书,使"传承"系列爆红,这离不开其在小红书上的宣传和推广;还有众所周知的海尔集团的"亲情营销""事件营销",三只松鼠的"萌态营销"等。

5)管理制度创新

管理制度创新是指企业把新的管理要素(如新的管理方法、新的管理手段、新的管理模式等)或要素组合引入企业管理系统,以便有效地实现组织目标的创新活动。

6)商业模式创新

概括来说,企业商业模式的创新主要包括三个方面:打破惯性,质疑原有的、通常的"假设与前提",破坏所有阻碍创造有价值的东西的枷锁。

过去,人们认为只有在星巴克坐着喝咖啡才是真正的"喝咖啡",在星巴克不仅仅是喝咖啡,还有体验文化和交流。85度C咖啡推翻了这一点,它主张喝咖啡就是喝咖啡,咖啡是一种饮料,旨在帮助人们提神、醒脑,喝咖啡不一定要坐在咖啡厅里喝,也可以拿走。因此,85度C咖啡门店的每家店面只有两三把椅子,来85度C的顾客,90%都是拿着咖啡去别的地方喝。85度C很快成为挑战星巴克的一家新星咖啡屋,甚至在我国台湾地区销量已经超过了星巴克。

3. 创新的特征

创新是人类特有的活动,它具备以下四个方面的特征。

1)新颖性

创新的意义在于"出新","新"是创新的本质,是创新的价值所在。所有创新都必须在创新思维的作用下,用新的思路、新的方法去解决问题,从而获得新的理论、新的技术、新的设计、新的方案、新的产品。

2)继承性

继承是一切创新的基础,只有在继承的基础上创新才是科学的。创新是一种变革,是对已有事物的革新。

3)超前性

创新的意义在于突破现有状态,它是在结合实际的情况之下,以"求新"为目标去进行的创造性实践活动。

4)价值性

创新一定是对社会经济具有明显价值的。

(二)认识创业

创业就是创业者对自己拥有的资源或将通过努力所拥有的资源进行优化整合,从而创造出更大的经济或社会价值的过程。

创业有广义和狭义之分。狭义的创业是指创业者的生产经营活动,主要是开创个体和家庭的小业。广义的创业是指创业者的各项创业实践活动。

1. 创业的功能

创业的功能可以从个人、国家两个层面进行分析。于个人而言,创业为个人带来了发展的机会和增加了个人收入,是一种通过个人的专业能力实现自我价值的机会;于国家层面而言,创业可以使社会资源得到合理配置,从而推动社会的发展。创业都充满竞争,竞争往往带来新技术、新工艺、新方法,相继带动科研成果的转换,这有助于提升全社会的创新能力和科研水平,从而增强我国的国际影响力。

2. 创业的基本要素

创业的三大核心要素是人才、资源与市场,其中又以人才最为重要。一个成功的创业家需要熟悉人才、市场、财务和法律,并通过获得人才,成功经营所创立的事业。

1)人才

人才在创业环节和今后的事业壮大中都甚为重要,属于创业的核心。认识、发现并利用人才是创业者进行创业的关键环节。现代风险资本的奠基人乔治·多里奥认为:"宁可考虑向有二流主意的一流人物投资,绝不向有一流主意的二流人物投资。"事实证明,并非具备了技术的研究人员或工程师就能够创业成功。创业,不只需要好的技术,更需要具备素质与能力。由此看来,创业者及战略伙伴们的素质与能力是创业成功的关键要素。

2)资源

资源是企业成长的基础。资源包括技术和资本,技术是将知识运用到实践中的手段、途径、工具或方法。企业存在是因为它有社会需要的技术,技术要考虑其独特性、创新、竞争力、高利润和他人模仿的难易程度等问题。

资本是创业的关键要素。我国台湾地区一家企业咨询公司总结了创业失败的近千个原因,其中资金短缺是一个重要原因。正如人云:有钱你可以选择不去做,但没有钱你很多事情都做不了。再好的技术、再好的创意,没有资金推动只能是一种幻想。

3)市场

市场是创业者创业的基础,只有找到合适的市场,抓住市场商机,才能充分发挥自己的才能,最终取得成功。企业的存在是因为它能满足市场需求,如果没有市场需求,企业就没有生存的价值。因此需要在创业前明确:市场容量、同产品的竞争力、潜在市场的生长力和持续市场的发展力等必要条件。

3. 创业的类型

可以根据创业的起点将创业分为独立创业和内部创业。独立创业是指创业者为了新企业的生存和发展,抓住新商机,创建新企业,谋求商业利润。内部创业是指现有企业通过相对独立的组织单位,为了企业的持续发展而开创新事业。例如,华为鼓励内部创业,华为将非核心业务如公共汽车、文印和餐饮业以内部创业方式社会化。

(三)创新和创业的关系

创新与创业是一种互补的、密不可分的关系。创新是创业的手段和基础,而创业又是创新的载体。只有通过创新,企业才能生存、发展。

创新和创业不是完全相同的概念,我们身边有很多模仿、复制别人产品、服务和商业模式的创业活动,它们本身并不具有创新性,但属于创业;而创新是一个过程,它更多地依赖于新产品、服务和新模式的开发。

(四)创业者素质

创业者是企业的领军人物,要是一个有责任感的人,是一个具有思考、推理、判断能力的人,是一个能使人们在追随过程中获得利益的人。创业者的素质要求如下。

1. 心理素质

所谓心理素质,是指创业者的心理条件,包括自我意识、性格、气质和情感等要素。作为一名创业者,他的自我意识应该是自信和自主的;他的性格应该是坚强、坚持、果断和开朗的;他的情绪是理性的。成功的创业者多不以物喜,不以己悲。

2. 身体素质

现代小企业的创业与经营是艰苦而复杂的,创业者工作繁忙,工作时间长,压力大,如果身体不好,必然力不从心,难以承受创业的重任。因此,企业家需要保持健康的身体。

3. 知识素质

创业者的知识素质对创业工作起着至关重要的作用。创业者要进行创造性的思维并做出正确的决策,必须掌握广博的知识,有一专多能的知识结构。

具体而言,创业者要具备政策和法律相关的知识,以便在创业过程中充分利用政策和依法行事,维护自己的合法权益;了解科学的管理知识和方法,提高管理水平,掌握与本行业相关的科学技术知识,依靠技术提升竞争力;同时,还需要掌握金融会计、市场营销、国际贸易和国际融资等方面的知识。

4. 能力素质

创业者至少应具有创新、分析决策、预见、应变、用人、组织协调、社交等能力。有两种提高能力和素质的方法,一是学习,二是改造。要想成为成功的企业家,就必须终身学习和改造自我。

任务二　创新是企业发展的根本动力

创新能力是民族进步的灵魂、经济竞争的核心；当今社会的竞争，与其说是人才的竞争，不如说是人的创造力的竞争。

(一)创新能力的构成要素

每个人的创新能力不一样，其构成要素也不一样。创新能力强的人一般具备以下七种能力。

1. 学习能力

学习能力是指个体从事学习活动所需具备的心理素质，是顺利完成学习活动的各种能力的组合，包括感知观察能力、记忆能力、阅读能力、解决问题的能力等。

2. 分析能力

分析能力指的是综合各种信息，通过大脑的加工处理，然后输出我们需要的信息的能力，分析过程好比是一个信息加工过程，最终产生我们想要得到的信息。

3. 综合能力

综合能力是指把研究对象的各个部分联系在一起，再组合成一个有机整体进行认识，通过考察、研究发现其本质。

4. 想象能力

想象能力是指积累了一定的知识和经验后，保持自己的好奇心，捕捉创造性想象和创造性思维的产物，进行思维加工，使之变成有价值的成果。

5. 批判能力

批判能力是指对某些思想或言行进行分析、思考、评估、批判和否定。换言之，在借鉴、学习、吸收已有知识理论和经验时，需秉承"去其糟粕，取其精华"的原则。

6. 实践能力

实践能力包括收集处理信息的能力、获取新知识的能力，以及合作能力、交际能力等社会活动能力。此外，实践能力还包括观察事物、发现问题，汇总现象、提出问题，体验实践、分析问题，思维参与、解决问题，发展提高、交流成果的能力。实践能力本质上是一种为了使发明、创造的成果被社会所接受、所认同,进而创造出社会价值和经济价值而组织进行一系列活动的能力。

7. 组织协调能力

想要完成创新活动,就需要组织协调各方积极配合,包括但不限于资源、人力、活动开展等。

(二)大学生如何提升创新能力

随着时代的发展,创新已成为现代社会的核心竞争力,而大学生作为未来的主力军,其创新能力的培养尤为重要。虽然创新能力具有普遍性,人人都具有创新的潜力,但是并不是每个人都会运用自己的创新能力,因此,大学生也需要有意识地开发自己的创新潜力,培养自身的创新能力。当今时代对创新能力的要求越来越高,只有不断培养和提升自己的创新能力,才能够抓住新时代的机遇。可以通过以下三种途径提升自身的创新能力。

1. 学校教育

学校是我们能够接触到创新教育的地方之一,各大高校均开设了创新类课程,教授关于创新的理论知识,锻炼大学生的观察能力、联想能力、合作能力、分析能力等。除此之外,许多高校也设计了多项课外创新实践活动,比如中国"互联网＋"大学生创新创业大赛、双创大赛等,这也是对课堂理论教育的实践补充。

作为大学生,应当积极配合学校开展的创新教育活动,抓住每一次实践机会,锻炼并提升自己的创新能力。

2. 社会引导

近年来,党和国家都非常重视创新创业,各地政府也相继开展了不同程度的创新创业免费培训,大学生创业者可以向当地政府部门、就业部门了解这些培训活动并积极参与,从而提升自己的创新能力。

3. 自我提升

大学生要提升自我,一是应当树立正确的价值观,在激烈的竞争中,只有创新才能够提升核心竞争力;二是要重视知识的积累,知识是创新的基础,有了理论知识的铺垫,才能进行切合实际的创新;三是注重自身能力的培养,提高发现问题的能力,培养创造力、想象力,提升解决问题的能力,这都有利于创新活动的开展。

任务三　想象、创造、创新和创业

课堂活动：九点谜题

活动内容：要求同学们在铅笔不离开纸面的条件下，用最多四条直线将下图所示的9个点一个不漏地连在一起。

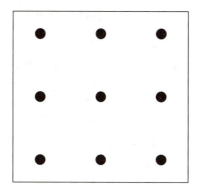

解决问题的途径有很多，我们应该跳出旧有思维的框架，用创新模式去直面机遇与挑战。重要的是，创新的技能是可以后天习得的，而创业也并非高不可攀。想象带来创造，创造导向创新，创新促成创业。

（一）想象

1. 什么是想象

爱因斯坦曾说，想象力比知识更重要，因为知识是有限的，而想象力概括着世界上的一切，推动着进步，并且是知识进化的源泉。想象力是能动的知识，是创造力和智慧产生的必要背景。一个人如果没有想象力，就只能跟在别人后面走，找不到突破口，探索不出一条独特、新颖、适合自己的路。

想象是指设想不存在的事物。这需要我们有好奇心、积极投入某项事业的热情，以及在大脑中构思观点的能力。这是一种天生的技能，但也会受到个人经验的影响，无论是现实经验还是虚构经验。所以,你的经验越多元,不管是关于旅行、读书的经验还是关于烹饪、做音乐的经验,你的想象力就越丰富。

通用电气公司前首席执行官韦尔奇说过:"创造力和想象力放在企业的环境中就是创新。"正是具备了超凡的想象力,人类才会有超凡的创举,人类才会有今天和未来。

2. 如何提升想象力

第一步:在这个世界里积极投入。

积极互动和投入是想象的第一步,它要求你全身心地、主动地投入其中,而不是远远地从外部观察。投入与好奇会揭开事物表面的遮挡,展示出其中的丰富内涵与无穷机遇。如果你想要确立一个目标并且希望能达成目标,那么你首先要主动地参与其中,这样才能专注地感受每个时刻,找到可以推广的模式或者亟待解决的问题,并最终发现机遇。

你可以通过以下方式进行练习。

(1)查阅你所在地区的招聘信息。选择三种完全不同的职业,从打广告的角度写一段话来描述该职业可能的发展前景。

(2)在某个地方安静地待一个小时并观察,比如咖啡馆、办公室、市区街道、公园或者自己的家。尽可能多地记录你的观察结果,思考这些结果的内涵,然后尽可能地寻找存在的问题与改进的机会。

第二步:大胆设想未来的成功。

不同项目的运动员都会利用心理想象法来为即将到来的比赛做准备。心理学家安吉·乐凡引用了高尔夫球手杰克·尼克劳斯的一句话:如果我没有在大脑中精确地设想出球的运动轨迹,我就不会击打这颗球,即便只是练习也不会。拳击手穆罕默德·阿里也会运用不同的心理想象法来提升自己在比赛中的能力,在想象过后,他会对自己说:"我是最棒的!"

对于想象来说,形象化能力至关重要。不幸的是,当我们逐渐长大时,大多数人都不会再去自己讲述那些天马行空的故事,而是去阅读他人撰写的小说;我们不再自己去描绘想象中的画面,而是去欣赏他人的艺术作品。

每个人都会或主动或被动地决定自己人生的舞台。对有些人来说,舞台可能是他们的家庭,而对其他人来说,舞台可能是学校或者公司。有些人的舞台可能是当地社区,还有一些人的舞台可能是整个世界。在每个不同的舞台上,我们看到的世界不完全相同,我们所扮演的角色也各不一样。然而,无论何时,我们都可以改变自己当前所在的舞台。

你可以通过以下方式进行练习。

(1)选择一个你现在正在扮演的角色,并假设你的舞台正在扩大。在一个更宽广的舞台上,你的角色会有什么变化?你又该如何突破自我?

(2)在你实现目标的道路上有什么障碍？障碍中的哪些来自外部环境，哪些来源于你的内心？

(二)创造

1. 认识创造

创造是指运用想象力来应对某种挑战。创造性观念可以满足某种特殊的需求，并且能转变为现实存在的实物。将经过论证的文字设想制作成样品或进行小批量的试制，通常涉及将设计概念转化为实际的产品或服务。样品研制成功后，为了进一步优化产品，需要客户进行试用和体验，并收集他们的意见和建议。

我们必须分清想象和创造之间的区别，这十分重要。想象力是人在已有形象的基础上，在头脑中创造出新形象的能力。创造力是人类特有的一种综合性本领，指产生新思想、发现和创造新事物的能力。比如，在头脑中设想一个在海岸的画面，我们称之为想象；而将这个画面用一张图描绘出来，我们便称之为创造。提出关于建造一辆太阳能汽车的设想是想象，而造出这辆车才能称为创造。

2. 如何发掘创造力

鲁班发明锯子的故事很多人都不陌生。建造宫殿需要大量木材，用斧头砍的效率不够高。鲁班正为此愁眉不展的时候，被一种长有锯齿的小草划破了手指，受到小草的启发，鲁班发明了锯子。鲁班不是艺术家，而是一位工匠，但他在遇到困难时找到的新方法，毫无疑问是充满创造力的。从鲁班身上我们可以确定，创造力不仅限于艺术，而且涉及人们工作和生活的方方面面，创造出新事物的能力和以新方式看待已存在事物的能力，都是一种创造力。

第一步：平衡内在动机与外在动机。

耶鲁大学的艾米·瑞斯尼斯基和斯沃斯莫尔学院的巴里·施瓦茨两位学者研究了内在动机与外在动机（也被称为工具性动机）之间的关系，认为内在动机源于个人对实现目标的动力，与他人的想法无关；而外在动机则源于外界的认可，比如获得的奖励与他人的认同等。

你可以通过以下方式进行练习。

每个学生都要填写四张便笺，并将它们分别贴在下图相应的方框中，每个象限一张。右上角的象限代表高热情与高自信，学生需要找到自己参与过的符合此特点的活动；其他三个象限以此类推，左上角代表高热情与低自信，而下方的两个象限从右到左分别代表低热情与高自信、低热情与低自信，学生需要分别找出符合这些象限特点的活动。

第二步:去实践、去体验。

找到创造性问题的解决方案很大程度上依赖于解决这个问题的动机程度,而动机又势必会引发一系列验证解决方案有效性的实验。实验结果能提供数据,数据又增强了动机,这是一个正反馈循环。

案例

贾斯汀·罗森斯坦曾经是Facebook的一位工程师。在工作期间,他发现将一个庞大、多元的团队团结到一起十分困难。他觉得大多数时间被浪费在所谓的"为启动工作而做的工作"上,而不是用在计划中真正要做的工作上。要促进团队合作,让每一个成员跟上节奏,贾斯汀明白自己的工作对整个项目的意义,也清楚这需要花费大量的时间。但贾斯汀没有把时间浪费在抱怨上,而是迎难而上,带着他的团队进行了一系列团队合作方面的尝试。

贾斯汀在Facebook用了一年时间搭建并测试了一个全新的促进团队合作的软件平台。他开发的这个平台为团队中的每个人提供了沟通和合作的渠道,摒弃了冗杂的人事流程。事实证明,这个平台成效显著。后来,贾斯汀与Facebook的联合创始人达斯汀·莫斯科维茨一起离开Facebook,创立了软件公司Asana。他们费尽心血完善这一平台并向其他公司推广。贾斯汀立志要研发出适合各类组织的团队合作协助工具。起初,贾斯汀并没有打算基于自己解决合作问题的方案成立一家新公司,但随着他对于解决这个合作问题的热情与信心日益增长,机遇也随之而来。这正是创造的核心所在:运用想象力去解决问题,以动机为支点展开实验,亲自尝试。

实际上,每个人也是一台实验机器。每一次我们输出话语,都需要根据对方给出的反馈相应地调整。每一次我们尝试一种新的产品,都会评估它能否满足我们的需求。而每一次我们品尝一种新食物,也是在做实验,并根据实验结果判断自己是否真的喜欢它。我们不能仅凭着直觉去实验,而应该关注整个实验过程,并把过程中出现的问题视为下一步实验的起点。对于正在进行的实验,我们思考越多,能收集到的数据也越多,从而也能更好地调整实验方案以得到理想的结果。这正是贾斯汀与他的团队在 Asana 公司所做的事。每 4 个月 Asana 公司的所有人都会聚集到一起制订下面 4 个月的计划。他们会讨论出一系列按优先级排序的实验方案,精确地评估每一个实验的风险和回报。有些实验是高风险高回报的,还有些针对某些产品进行的增量式改进方面的实验,则通常风险较低,有较高的成功率。

更进一步,对于即将落实的新项目,他们都会事无巨细地设想未来 4 个月的进展情况,并根据设想撰写一份假的总结报告。这些在团队正式开展新项目之前的工作,称为"事前检验"(与事后检验相对应)。事前检验可以帮助团队在工作开始之前预见到可能发生的情况,从而提前避免潜在的问题,为之后项目的顺利开展奠定坚实的基础。

在事前检验中,团队成员撰写假的总结报告用于描述一切顺利进行、项目取得巨大胜利的理想蓝图,而其他假的总结报告则用于描述可能会出现的问题,项目如何失败。这种做法会让每个团队成员都能充分了解每个实验的细节,并找出可能存在的失误点。这些假的总结报告描述了每个实验成功或失败的可能,通过提前探测可能存在的陷阱来确保任何人不会误入其中。在之后的会议中,他们不但会回顾实验成果,还会回顾该实验中使用的方法,从而不断地修正实验方案以得到最优的结果。

上述这种经过深思熟虑的实验是创造过程中的关键部分,可以让你的行动从想象阶段上升到创造阶段。在想象阶段设想到各种可能性后,着手探索解决方案,这标志着进入了创造性阶段。实验可以揭示出众多的可能选项,你可以按照自己的标准在这些选项中进行权衡。

(三)创新

创新不同于创造,创新强调运用创造力来开发独特的解决方案,而创造则更侧重于首创性的想法或产品。创新迫使我们从全新的视角来看待世界,包括挑战惯性思维、重构问题,以及整合不同领域的观点,由此得到的突破性的创意揭示出了全新机遇的存在和应对挑战的方案。表面看来,创新好像与创造只有微妙的不同,但事实恰恰相反,创新至关重要,且创新的难度远远高于日常生活中想到创造性问题的解决方案的难度。

有了创意之后,需要把零散的创意进行整理和加工,形成可行的创新方案。创新就是将这些想法进行加工,并用文字进行展示的一个过程。在这个阶段,创业者需要将想法进行加工,并通过一定的创新工具如思维导图等,再从各个角度来提问题,讨论每个人的想法,这样会让想法逐渐趋近现实。

企业追求创新,是因为想要在风起云涌的市场竞争中以突破性的创意取胜。当今世界,这类创新案例数不胜数,例如立体打印(1984年)、网页浏览器(1990年)以及由真菌制成的绝缘材料(2007年)的发明。创新在每个领域中不断发生着。

(四)创业

当样品制作出来并获得认同后,需要进一步将其转变成一种可以运营的商业模式,这个过程称为创业。在这个阶段,需要解决四个问题:业务逻辑、商业模式、社会分工、利益分配。

(五)创富

企业的天然属性就是赢利,不断地创造新的财富。因此,企业的发展归根到底是要找寻能够为其带来利润的人或群体。这样的人一般有两类。第一类是消费者,即企业的产品要打动消费者,让消费者主动买单。当产品设计出来以后,消费者主动买单,然后将消费者的钱投放到生产中。第二类是投资人,即企业的产品要能够获得投资人的青睐,进而对企业进行投资。比如滴滴出行,可能很多人并不知道滴滴出行如何赢利,但是投资人愿意投资。虽然滴滴出行表面看起来只是一个能够给人出行带来方便的软件平台,但其实它也是一个虚拟金融银行,不管是来自司机还是来自消费者,每天都有一定数量的钱留在滴滴出行的钱包里。由于滴滴出行平台的用户已汇集到一定的规模,所以这些钱可以达到一个数量级而供平台周转。只要能够获得投资人一轮一轮的投资,该平台就能够正常运转,还可以快速地扩大,甚至迫使一些竞争对手退出市场。只要获得投资,该平台就能够创造财富。不管是获得投资人的投资,还是在股市上获得股民的投资,该平台都能够获益。当然,融资也是一门学问,包括天使投资、风险投资、股票上市等多种融资途径。不管哪一种融资成功,都是获得了一种投资。有时还有第三类,如政府。实际上,政府扮演着两种角色:一种就是政府购买服务,此时政府是消费者角色;另一种就是政府股权投资,此时,政府是投资人角色。总之,创富作为"五创路径"的最高阶段,体现了创业企业发展的最终目标。

课中实训

实训　激发创新意识

(一) 调查我国的科技创新现状

创新活动具有某种与生俱来的魅力,或者说具有某种近乎魔力的特质。这种特质体现在人们初次听到某种创新产品或看到某种产品初期原型的演示时,就会变得全神贯注。从智能眼镜到无人驾驶汽车,再到超回路列车和无人机,这些似乎只能从科幻小说里才能看到的未来产品和技术,总是能引起人们的极大兴趣和关注。

2023年是全面贯彻落实党的二十大精神的开局之年,是全面实施"十四五"规划承上启下的关键之年。3月5日,习近平总书记参加第十四届全国人民代表大会第一次会议江苏代表团审议时指出:"加快实现高水平科技自立自强,是推动高质量发展的必由之路。"习总书记深刻阐释了实现高水平科技自立自强的重大意义,对科技创新作出重要部署,为加快我国建设世界科技强国指明了前进方向。2022年,中国位列全球创新指数排名第11位,中国全社会研究与试验发展经费迈上了3万亿元新台阶;两条上升曲线见证着中国科技创新爬坡的拼搏历程。

请以小组形式上网搜集并整理"十三五"期间我国科技创新成果以及"十四五"规划中与科技创新相关的内容,填入下列表格中。

研究对象	研究成果
"十三五"期间我国的科技创新	
"十四五"规划中与科技创新相关的内容	

(二)调查企业的创新活动

请以小组形式选取一家企业进行调研,主要调查该企业的一项成功创新活动,进行说明并填写下表。

研究目标	研究成果	
企业介绍	企业名称/成立时间:	主营业务:
	企业性质:	经营规模:
创新活动介绍	创新的类型:	创新活动的内容:
	创新活动取得的成果:	
个人启发		

复盘反思

1.知识梳理:通过对该项目的学习,你掌握了哪些与想象、创造、创新、创业相关的知识?请用苹果树法进行整理。

2.知识梳理:结合实际案例,区别创新与创业。

3.方法反思:在完成本项目学习和实训的过程中,你学会了哪些分析和解决问题的方式?

4.践行反思:在完成本项目学习和实训的过程中,你认为自己还有哪些需要改进和提升的地方?

课后提升

【案例】黄峥和拼多多

黄峥,从谷歌公司程序员到游戏公司的老板,打造出拼多多电商帝国。

2007年,黄峥辞去谷歌的工作,成立"欧酷网",专营家电产品;同一时间,段永平将步步高的一部分电商业务切割出去给黄峥打理。随后,黄峥成立了网上电商代理公司"乐其"和游戏公司"寻梦"。在事业上,黄峥可谓顺风顺水。2015年,黄峥创办的游戏公司内部正在孵化一个"社群电商"的项目——"拼团"。

"拼团"建立在原本的游戏环节之中,是一个测试项目;人们可以透过社群如微信等方式一起下单购买东西,功能测试已长达5年,团队正准备将它变成一个独立执行的项目,类似于网上电商。而此时网上电商的市场竞争已经到了白热化的阶段,如淘宝天猫、京东商城,在这样的环境之下,黄峥还是做了这个冒险的决定:2015年,在一片质疑声中,"拼多多"上线了。

黄峥创办的拼多多并不走传统的电商模式,因为他把游戏公司的"基因"注入了购物这个环节,使得购物这件事变得更加有趣,同时主打"社群"概念,让购物这件事变得像玩线上游戏一样具有社交属性。他洞察到,女生逛街,有90%的时间并不是在买东西,而是在"享受"购物的"氛围",把快乐的元素和购物相结合,这就跟玩游戏的经历是一样的。拼多多早期的模式,简单来说是微信熟人的拼单购买,拼单的人越多,就越便宜,这种模式结合了熟人社交的强关系属性,一上线就呈现爆发的状态,四个半月付费用户突破一千万人。而这一切的成功并不是偶然,也不是幸运,而是拼多多团队积累深厚的供应链能力,黄峥抓住了这样的契机,就义无反顾做了起来。

拼多多基于社交网络拼团的全新电商模式带来了滚雪球效益,推动了平台用户的快速增长,借助买家又吸引了更多的商户,仅三年时间,于2018年7月在美国上市。

项目二　创新思维的培养

学习目标

1. 培养学生较高层次的思维，使其在职场中具有更强的竞争力；
2. 让学生运用所学思维理论和方法，构建发现问题、分析问题和解决问题的思维模型，并逐步实现思维的提升；
3. 让学生理解高阶思维的基本概念和相关知识，掌握核心思维方法，以此提升核心职业能力。

思维导图

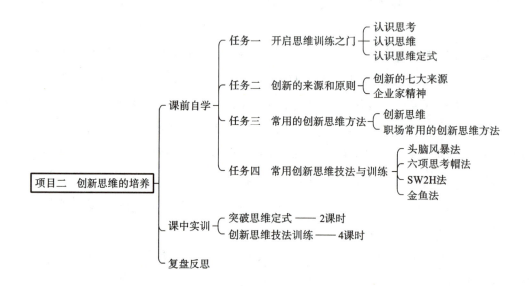

课前自学

任务一　开启思维训练之门

我国古代学者就提倡"学以思为贵""学而不思则罔,思而不学则殆",可见,思维能力的培养在学习中的重要性。当今社会,思维能力较强,对事物认识的能力就越强,自制力、自学能力和自立能力就越强,这将对我们的终身发展起到良好的促进作用。

课堂活动:思考与讨论

活动内容:近几年,受疫情影响,当下的人才市场处于供大于求的状态,毕业生们也纷纷表示找工作难。企业到底需要怎样的人才?初入职场的新人应该选择一份怎样的工作?如何在职场中增强竞争力,避免被裁员呢?

(一)认识思考

亚里士多德说,人类是"理性的动物",而理性需要通过思考来实现,可见思考是人类的本质特征。现实中,始终保持理性思考的人少之又少。有人想得多做得少,有人做得多想得少,一般情况这并无大碍。但是,如果平时不常思考,一旦碰到大事,就会非常痛苦,生怕考虑不周全会带来无法弥补的后果。

思考是思维的一种探索活动,亦是有助于明确阐述或解决问题、做出决定或者满足求知欲的一种心理活动。思考过程包括大量的心理活动,其中重要的有细致的观察、记忆、质疑、想象、调查、解释、评价和分析等。当我们要解决问题或者做出决定时,其中几种活动往往结合在一起发挥作用。例如,我们可以找出一个想法,然后通过质疑、解释和分析等心理活动来处理,最终得出结论或者做出决定。

1. 有效思考

思考是一切行为的种子,不管你做什么事情,思考都是不可或缺的。只有经过认真思考,才能产生不一样的结果,因此,我们必须具备有效思考能力。

常有人说优秀的思考者是天生的,不是后天培养的。尽管这种说法有正确的成分,但它在本质上是错误的。跟其他人相比,的确有些人更具思考天赋,还有些人学得更快,因此若干年后,这些人的思考能力可能就强于其他人。尽管如此,有效思考主要还是习惯问题。

研究证实,任何人都能拥有善于思考所需的心理素质。研究还证明,独创性也可以后天习得。最重要的是,成为优秀的思考者不需要高智商。保罗·托伦斯(Paul Torrance)的研究表明,在富有创造力的人群中,至少有70%的人智商测试的得分低于135。要想提高思考能力,取决于你的学习习惯和态度。

课堂活动:思考与讨论

活动内容:莫扎特和贝多芬都是伟大的作曲家,但他们的创作方式截然不同。想想看,假如莫扎特和贝多芬互换创作方式,会怎样呢?

因此,我们有理由相信,世界上肯定有成百上千甚至成千上万的人从未意识到自己取得成就的潜力,更别说开发潜力了,而这仅仅是因为他们的工作习惯要么是从别人那里"借"来的,要么是出于偶然或环境所迫养成的。

最好不要假装你的工作习惯符合你的需求,而要做一个小实验,找出真正适合你的工作习惯。最终的结果可能与现状并没有明显的差别,但是长远来看,即便是些许的改进,也会在未来带给你回报。

找出适合自己的工作习惯,让自己的努力产生最大成效。例如,你可能喜欢看电视或者听音响,但是会妨碍你思考或写作。同理,酒精或许能让你感觉良好(至少暂时如此),但最后结果会适得其反。尽管有人坚持认为这些能够激发创造力,但研究者几乎一致认为会有相反的效果,会让头脑混乱和麻木。

2. 提高思考力,增强职场竞争力

人总会遇上各种问题,问题重复的几率并不大。但是对于不会思考的人来说,他们一直在用自己以往的经验来解决生活或工作中出现的新问题。这样做会让自己时常碰壁,因为旧的经验或制度需要经过改良或改革才能应对当前遇到的新问题。如果旧的经验能够解决"新"的问题,那么也就不会成为问题了。这时候就需要"思考"这个能力上场了。

(1)思考力体现在说话方式上。

(2)思考的最高境界是动笔。

(3)养成思考的习惯,保持临战状态。

3. 思考的本质

那么,该如何进行本质思考呢?具体而言包括三个方面:是什么、为什么、怎么做。

1)是什么——事物的根本属性

思考一件事情的时候,我们需要搞清楚思考的对象的根本属性,也就是这件事之所以成为它的根本原因。首先,能够给出清晰的定义;其次,能够给出精确的类比,比如有一个比较经典的类比案例,周恩来总理给外国人解释《梁山伯与祝英台》(后面简称《梁祝》)的时候说到,"《梁祝》就是中国版的罗密欧与朱丽叶";最后,能够打出精妙的比方,比如,雷军就把小米的生态比作烤红薯,因为小米手机的影响力很大,所以雷军利用这个影响力的辐射卖起了毛巾、床垫等日用品。正如一个热气腾腾的炉子,除了用来煮饭,还可以利用余热在旁边烤红薯。

2)为什么——问题的根源和底层逻辑

除了事物的根本属性,我们还要思考问题的根源和底层逻辑。一个问题的产生,可能由一个原因导致,也可能由多个原因导致,甚至因果之间相互影响、错综复杂,这时候我们就需要穿越迷雾,去思考现象背后的根源和底层规律。

3)怎么做——如何解决复杂问题

关于如何思考复杂问题,市面上可用的思考工具较多。分析复杂的静态问题,优先使用结构化思维;分析复杂的动态问题,最好使用系统思维。

拓展:张一鸣——字节跳动九周年演讲(深度思考能力)

创新创业实务——筹备篇

2021年3月30日,字节跳动举办九周年年会,创始人张一鸣发表主题为"平常心"的演讲。

演讲提及,过去一年,字节跳动在产品业务上获得了较快的增长,新的发展方向也取得了一些突破。同期践行企业社会责任,推出抗疫医务基金等项目。张一鸣表示,世界在动态加速变化,外部波澜起伏,内心要保持平静如常。要以平常心对待自身、产品业务、行业竞争、成功和失败,以"平常心做非常事"。他还表示,新的一年,自己将减少日常工作,腾出更多精力来关注公司文化、社会责任和新方向。

字节跳动九周年张一鸣演讲全文网址为:https://www.sohu.com/a/458331469_351788。

与过去被追捧的孤胆英雄式的创业者形象相比,当前时代,任正非、张一鸣、王兴、黄铮、张邦鑫等这一类创业者形象越来越受到追捧,他们给人的印象是"二深":深居简出、深度思考。深度思考的过程,就是自我确定的过程。当外部环境越来越不确定的时候,就需要强大而稳固的深度思考的框架与习惯,通过增强自我的真实力量来提升目标实现的确定性,而非随波逐流。

(二)认识思维

思维(人用头脑进行逻辑推导的属性、能力和过程)是在表象、概念的基础上进行分析、综合、判断、推理等认知活动的过程,思维是人类特有的一种精神活动。

思考不足会导致想不明白、说不清楚、学习过缓。想要成功,热情和能力不可或缺,但最关键的因素还是思维。思考正确,事半功倍;思考错误,只会越拼命越失败。很赞同这样一句话:所谓命,就是一个人看问题和做事情的方法,如此而已,也决定了人的一生。头脑,是生活的指挥官,思维,是人生的兵法阵。只有升级思维模式,才能层层闯关。

课堂活动:思考与讨论——你会和苹果树一样吗

活动内容:有一棵苹果树结了10个苹果,9个被人摘走。它觉得很不公平,就自断经脉,不再生长。第二年,苹果树只结了5个苹果,结果还是被人摘走4个,自己仍只有1个。但苹果树却开心地说:"去年我只得到了10%,今年我得到了20%!"

1. 职场思维

仔细比较成功者与失败者就会发现,这两类人之所以会产生成功和失败的差别,很大一部分是心态的原因。世间万事万物,你可用两种观念去看:一种是正面的,积极的;另外一种是负面的,消极的。这就像硬币,一正一反。该怎么看这一正一反,取决于你自己的想法。就这一念之差,最终导致了两种完全不同的结果。正如苹果树忽略了一个重要的事实:如果继续成长为参天大树,阻碍它收获的力量,便会小到忽略不计。

刚步入职场的大学生通常会被打上"青涩"的标记,这个词除了等同于"工作经验缺乏",其实还有更深层次的含义。大多刚毕业的大学生,在公司表现较积极、上手能力较快、工作效率较高,然而老板还是不敢把一些事情交给他们去做,这是为什么呢?答案是,老板认为相比于成熟的职场人,刚毕业的大学生略显"青涩"!这并不等同于否定你的个人能力,这跟能力和经验并没有太大关系,而是缺乏一种"职场思维",也就是我们常说的"学生向职场人的转变",恰恰是这种职场思维模式,能够将能力催化、放大,创造出超过100%的效益。

职场思维模式具体包括如下几点。

1) 自我驱动思维

别再说"我刚毕业""我只是一个实习生"之类的话语,这意味着你给自己增设了一道"天花板",给自己设置了上限。再比如抱着"做好我该做的,其他的都不用管"的心态,那么对于公司而言,你的潜力就这样了,无法给公司带来更多的价值。公司不断招聘新人的原因在于,需要不断地更新、突破公司现有的状态,如果你不能为公司提供价值,那么公司会选择更加有潜力的人才。因此,我们要站在更高的层次,用管理者的眼光看待自己。如果你想进步,做好本职工作是远远不够的,你必须站在上级的角度去看待问题,去了解上级的工作,问自己:如果你要接替他,需要做到什么?这样,你才会去了解整个大局,知道自己的工作应该怎么开展,知道自己该往哪个方向努力。很多时候我们对自己的要求不够高,从而导致自己一直处于"原地踏步"的状态。

2) 行动力思维

想法的价值在于被执行,创业圈里有一句话:想法是没有价值的,有价值的是把想法实现的过程。这句话放在职场上也完全适用。职场上的很多新人热衷于提出各类新颖的想法,这固然是一件好事,但是在没有切实可靠的执行方案之前,是没有太大的现实意义的,想法并不是思考的终点,它仅仅代表你"开始思考"了。

3) 结果导向思维

"结果不重要,重要的是过程""没有功劳也有苦劳""尽力了""还在努力"等观念早已遍布我们的身旁,但在职场中,这是没有价值的体现。公司是以盈利为目的的,公司也不会"养闲人",一个特别努力、特别勤奋但无法带来实际效益的人是不会得到公司认可的。这也是"学生思维"向"职场思维"转变过程中最艰难的一步,教师、父母会帮你收拾"残局",但在职场上我们要学会独立和有责任心,"我已经很努力了"永远不是做不好、完不成的借口,职场是没有退路可言的。

4)解决方案思维

首先需要明确一点,老板是招聘人才,是为了帮公司解决问题,而不是提出问题,换言之,老板只做"判断题"(选择是否执行)而非头脑风暴的"论述题"。所以,作为职场人,我们在提出一个问题的同时,需要告诉老板你的解决方案,给出预估的期限和结果,并且这个方案是可以即刻去执行且有能力负责的。所以在工作中,我们应该将全部精力投入解决问题上。

2. 思维的价值

思维的价值及其重要性主要体现在两个方面,下面我们来具体分析。

1)思维能使合理的行动具有自觉的目的性

首先,思维能够指导我们的行动,使之具有可预见性,并按照目的去行动,或者说,我们在行动之前便明确了行动的目的。

其次,思维能够使我们的行动以深思熟虑和自觉的方式展开,以便达到未来的目的,或者说,指挥我们去行动,以便达到现在看来还是遥远的目标。例如,一个年轻人为了将来的生计而去接受专业教育,即是如此。

举例来说,当一个没有思维活动的动物受到淋雨的威胁时,它也会钻到洞里去,这是因为它的机体受到了一些直接的刺激。一个有思考能力的人察觉到未来可能要下雨的特定的事实,就会按照对未来的预测而采取行动。

2)思维使系统的准备和发明成为可能

人们也会运用思维建立或编制人造的符号,以便预先想到结果,以及为达到某种结果或避免某种结果而采取措施。

前面提到的思维的特点,表明了野蛮人和野兽的不同;这里提到的思维的特点,表明了文明人和野蛮人的不同。野蛮人由学习探测火的标记而得知火的存在,并且发现了取火的方法;文明人却发现了可以燃烧的瓦斯和油,发明了电灯、火炉、熔炉以及供暖装置,等等。

各种人造装置都是有意地变更自然的性质而加以设计的,这些人造装置与自然状态相比,能更好地揭示那些隐蔽的、不完善的和遥远的事物。

3. 思维训练的原因

思维需要细心而周到的教育性指导，才能充分地实现其机能。不仅如此，思维还可能沿着错误的途径导引出虚假的和有害的信念。思维的系统训练之所以必要，是因为思维有发展不充分的危险；更为重要的是，思维有可能向错误的方向发展。

思维能让我们摆脱对本能、欲望和惯例的奴性的屈从，然而也能给我们带来谬见和错误的可能性。虽然思维把人类提升到其他动物之上，但也能为人类带来失败的可能性，而受本能支配的其他动物不会陷入这种可能性。

(三)认识思维定式

在长期的思维训练中，每个人都形成了一定的思维模式，当面临某个事物或现实问题时，便会不假思索地把其纳入已经习惯的思想框架进行思考和处理，这就是思维定势（thinking set）。

思维定式也称惯性思维，是指依据先前的活动而形成的一种特殊的心理准备状态或活动的倾向性。

1. 思维定式的特点

思维定式是指思维活动的模式和程序，具体包括如下特点。

1) 形式化结构

思维定式不是具体的思维内容，而是具体的思维活动所具有的逐渐定型的一般路线、方式、程序和模式。我们在处理一些事务时，往往有明确的规范和步骤要求，就如同数学几何题中的证明步骤一样，要求步骤合理、格式合理。思维定式会让我们习惯性地将事物定于某种状态，从而限制了发散的视野。

2) 惯性

强大的惯性或顽固性，不仅逐渐成为思维习惯，甚至深入潜意识，成为处理问题时不自觉的反应。当我们多次采用同一种思路时，后面采取同样思路的可能性就很大。比如，三毛在《撒哈拉的故事》里有一个情节很深刻，讲述了当地十岁小女孩姑卡在完全不知情的情况下，被其父亲罕地安排嫁人。三毛知悉后，质问罕地："你不觉得姑卡太小吗？她才十岁"。罕地不以为然地说："小什么，我太太嫁给我时才八岁"。

2. 思维定式的类型

课堂活动：思考与讨论——拿破仑滑铁卢战役兵败后

案例内容：拿破仑被流放到圣赫勒拿岛后，他的一位善于谋略的密友通过秘密方式给他捎来一副用象牙和软玉制成的国际象棋。拿破仑爱不释手，从此一个人默默下起了象棋，打发着寂寞痛苦的时光。象棋被摸光滑了，他的生命也走到了尽头。

拿破仑死后，这副象棋经过多次拍卖。后来一位拥有者偶然发现，有一枚棋子的底部居然可以打开，里面还有一张列有如何逃出圣赫勒拿岛的详细计划的纸条。

拿破仑的失败，其实都是败在思维定式上。军事天才拿破仑想着的只是消磨时间，却忽略了象棋的"象棋"，由此可见，在自己的思维定式里打转，天才也走不出死胡同。

思维定式多种多样，不同的人有不同的思维定式，常见的思维定式有从众型、书本型、经验型和权威型。

1）从众型思维定式

从众型思维定式是指没有或不敢坚持自己的主见，总是顺从大多数人意志的一种广泛存在的心理现象。在生活中，从众型思维定式普遍存在，例如，我们走到十字路口，看到红灯已经亮了，本应该停下来，但看到大家都在往前冲，自己也会随着人群往前冲。破除从众型思维定式，需要在思维过程中不盲目跟随，具备心理抗压能力；在科学研究和发明过程中，要有独立的思维意识。

2）书本型思维定式

书本知识对人类所起的积极作用是显而易见的。现有的科学技术和文学艺术是人类两千多年来认识世界、改造世界的经验总结，其中的大部分知识都是通过书本传承下来的，因此，书本知识是人类的宝贵财富，必须认真学习与继承。学习书本知识需要掌握其精神实质，活学活用，不能将其看作教条，不能死记硬背，不能作为万事皆准的绝对真理，否则将形成书本型思维定式，这是把书本知识夸大化、绝对化的片面或有害观点。

社会在不断发展，而书本知识未得到及时和有效更新，导致书本知识与客观事实之间存在着一定程度的滞后性。如果一味地认为书本知识都是正确的或严格按照书本知识指导实践，将严重束缚、禁锢创造性思维的发挥。为了破除思维定式，我们需要认识到任何原理都必须与具体实践相结合、任何问题都应该了解与其相关的观点，以便通过比较进行鉴别。

3) 经验型思维定式

经验是人类在实践中获得的主观体验和感受,是通过感官对个别事物的表面现象、外部联系的认识,是理性认识的基础,在人类的认识与实践中发挥着重要作用。但经验并未充分反映出事物发展的本质和规律。经验型思维定式是指人们处理问题时按照以往的经验去处理的一种思维习惯,照搬经验,忽略了经验的相对性和片面性,制约了创造性思维的发挥。

经验有助于人们在处理常规事物时少走弯路,提高办事效率。我们要把经验与经验型思维定式区分开来,破除经验型思维定式,提高思维灵活变通的能力。

4) 权威型思维定式

在思维领域,不少人习惯援引权威的观点,甚至将权威的观点作为判定事物是非的唯一标准,一旦发现与权威相违背的观点,就唯权威是瞻,这种思维习惯或程式就是权威型思维定式。权威型思维定式是思维惰性的表现,是对权威的迷信、盲目崇拜与夸大,属于权威的泛化。权威型思维定式的形成源于两个方面:一方面是由于不当的教育方式造成的,把固化的知识、泛化的权威观念采用灌输式的教育方式传授下来,缺少对教育对象的有效启发,使教育对象形成盲目接受知识、盲目崇拜权威的习惯;另一方面,社会中广泛存在个人崇拜现象,一些人采用各种手段建立或强化自己的权威,不断加强权威型思维定式。

在科学研究中,要区分权威与权威型思维定式,破除权威型思维定式,坚持"实践是检验真理的唯一标准"。

3. 如何突破思维定式

思维定式在生活、工作中是难以避免的,打破思维定式的常见策略是尽可能地增加一些思维视角,学会从多个维度看待同一个问题,拓展思维的广度,即泛化(扩展)思维视角。

1) 变顺着想为倒着想

当顺着想不能很好地解决问题时,倒着想就是一种新的选择。当我们遇到一个问题,从正向思维角度出发无法解决时,我们可以尝试逆向分析。

课堂活动:思考与分析——变废为宝

案例内容:某造纸厂,因某位工人的疏忽,生产过程中少放了一种胶料,制成了大量不合格的纸。用墨水笔在这种纸上写字,墨水很快就被吸干,根本形成不了字迹。报废会造成巨大损失,这位工人拼命地想解决办法,但是都没想到。一天,他将墨水洒在了桌子上,他随手用这种纸来擦,结果墨水被吸得干干净净。"变废为宝"的念头在他脑海中一闪而过,"倒着想",终于,这批纸被当作吸墨水纸全部卖了出去。

2）从事物的对立面出发

鉴于事物双方是既对立又统一的关系，当改变一方不行时，我们可以考虑改变另一方。这种思维方式体现了辩证法的精髓，即在对立中寻找统一，在统一中把握对立。当我们面临一个问题或挑战时，如果发现直接改变某一方的条件或状况存在困难或不可能实现，那么我们可以尝试从另一方入手，通过调整、优化或改进这一方来达到整体的平衡和和谐。

课堂活动：思考与分析

案例内容：某一天，有一位加拿大人格德在复印时不小心把瓶子里的液体洒在文件上，被浸染过的那部分在复印后变得一团黑。由此，他想是否可以用这种液体浸染文件，避免文件被偷偷复印，后来经过他的多次试验，发明了一种让文件被浸泡后就不能再被复印的液体，成功避免了机密文件被人偷偷复印的问题。

3）换位思考

思考者在面对问题时，可以尝试换一个角度来审视和思考。将心比心、设身处地是理解问题的关键心理机制，它能够帮助我们更深入地洞察问题的本质，从而找到更有效的解决方案。这种思维方式不仅有助于培养我们的同理心和包容心，还能促进我们与他人的沟通与合作。因此，在思考问题时，不妨尝试运用将心比心、设身处地的心理机制，以获得更全面、更深入的理解。

课堂活动：思考与分析

案例内容：过去的冰箱都是冷冻室在上面，冷藏室在下面。日本夏普公司的设计者进行了换位思考，发现用户用得较多的是冷藏室，放在上面方便，于是设计时将其换了一个位置。但由于冷空气具有往下走的特性，改变设计后冷冻室的低温不能很好地利用，比较费电。设计者又思考，如果想办法让冷空气往上走，问题不就解决了吗？于是，在冰箱内安装排风扇和通风管，把下面的冷空气提升到上面的冷藏室。经过条件转换思考，新型电冰箱既使用方便，又保留了原来省电的优点，受到了用户的欢迎。

4）拓展知识储备

拥有足够的知识，不被现有知识限制，才能够在面对新的问题时找到新的解决办法，突破当下的思维定式。拓展知识储备最有效的办法有两种：一是大量阅读，二是多与别人讨论。知识面越广、个人眼界越高的情况下更有利于打破自己的思维定式。

任务二　创新的来源和原则

(一)创新的七大来源

无论出于何种动机——追逐金钱、权力还是猎奇，或是追求名誉、希望博得他人的认同，成功的企业家都会试图去创造价值，做出贡献。成功的企业家的目标很高，不会仅满足于对现有事物的改进或修正，他们会试图创造出全新且与众不同的价值，试图将一种"物质"转换成一种"资源"，试图将现有的资源结合在一种新型的、更具生产力的结构里。

变化为与众不同的事物的产生提供了机会。因此，系统的创新存在于有目的、有组织的变化中，存在于这些变化本身可能提供的经济或社会创新的机遇的分析中。

通常来说，这些变化都是已经发生过的或者正在进行之中的。绝大多数成功的创新都是通过变化来达成的。确切地说，大多数创新本身就蕴涵着重大变化，莱特兄弟发明飞机这一类的科技创新就是例证。这些是例外，且是相当不寻常的例外。大多数成功的创新都很平凡，它们只是利用了变化而已。因此，创新（是企业家精神的知识基础）是一种有诊断性的训练，是对提供企业机遇的变化领域进行系统化的检查。

具体而言，系统化的创新是指关注创新机遇的七大来源。

前四大创新机遇的来源存在于机构内部，不论这个机构是商业性的还是公共服务性的，或是存在于某个产业或服务领域内部。这些来源基本上是一些征兆，主要是那些已然发生，或者只需少许努力就能发生变化的极为可靠的信号。这四个来源如下。

(1)意料之外的事件：意外的成功、意外的失败、意外的外部事件；

(2)不协调的事件：现实状况与设想或推测的状况不一致的事件；

(3)基于程序需要的创新；

(4)每个人都未曾注意到的产业结构或市场结构的变化。

第二组创新机遇的来源（后三个来源）涉及机构或产业以外的变化。

(1)人口统计数据（人口变化）；

(2)认知、意义及情绪上的变化；

(3)新知识，包括科学和非科学的新知识。

这七个创新机遇的来源的界限比较模糊，彼此之间有较多的重叠部分。它们好比是七扇位于同一栋建筑物不同方向的窗户,每一扇窗户所展现的某些景致也可以从邻近窗户看到,但是,每一扇窗户的中心所呈现的景色是截然不同的。

由于每一个创新机遇的来源都有自己的独特属性,因此,这七个创新机遇的来源都需要各自分析。然而,从本质上,没有哪一个创新机遇的来源比其他来源更重要或更具生产力。重大创新可能来自对变化征兆(诸如产品或定价上不经意的变化所造成的意外成功)进行的分析,也可能来自重大的科学突破所带来的新知识的广泛应用。

但是,这些来源的讨论顺序并不是随心所欲的,它们是按照可靠性和可预测性的递减顺序依次排列的。与人们普遍的认识相反,新知识,特别是科学新知识,并不是成功创新最可靠或最可预测的来源。尽管基于科学的创新很引人注目、富有魅力且相当重要,但它可能是最不可靠和最不可预测的来源。相反,对根本变化征兆(如意外成功或意外失败)所进行的平庸、乏味的分析,其风险性和不确定性是相当低的。一般来说,基于意外成功或意外失败所产生的创新,从新企业创立到可预见结果(无论是成功还是失败),所需要的时间最短。

案例

亚历山大·弗莱明(1881—1955),英国细菌学家、药学家。他因在 1928 年从青霉菌中提取出了抗生素青霉素(又名盘尼西林)而闻名,并因此获得了 1945 年的诺贝尔医学奖。

塞勒斯·麦考密克(1809—1884),美国企业家、发明家,人称企业界全才。1831 年发明了收割机,因建厂生产收割机而致富,后组建世界上最大的国际收割机公司(1902 年)。

1. 创新的来源之一——意料之外的事件

没有哪一种创新机遇的来源能比意外成功提供更多成功创新的机遇了,而且,意外成功所提供的创新机遇风险最小,整个过程也不艰辛。但是,意外成功几乎完全受到忽视,更糟糕的是,管理人员往往主动将它拒之门外。

案例

1970 年左右,美国某家主要的钢铁公司拒绝收购迷你钢铁厂。该钢铁公司的管理层知道,他们的钢铁公司很快就会被淘汰,但是,如果要使公司现代化,则需要投入天文数字般的资金,而且管理层也知道根本无法获得这笔资金。因此,只有收购迷你钢铁厂才是解决之道。

几乎是在意外的情况下,该钢铁公司收购了迷你钢铁厂。不久后,该钢铁公司就开始迅速发展,并产生现金流和利润。于是该钢铁公司的一些年轻人士提议,将现有的投资基金用于再收购几家迷你钢铁厂以及建造一些全新的迷你钢铁厂。这样,在几年内,这些迷你钢铁厂将以高科技含量、低人工成本和明确的目标客户为基础,给公司带来数百万吨的钢产量。然而,最高管理层(董事长)愤怒地否决了这项提议。实际上,在后面几年内,所有参与这项提议的相关人士都陆续遭到了解雇。最高管理层声称,"一体化炼钢工序是唯一正确的程序""其他东西都是骗人的把戏,是一时的狂热、不健康的现象,而且不会持久。"不用说,10年后,美国钢铁工业里仍然健康发展且相当繁荣的就是迷你钢铁厂。

对于为一体化炼钢工序的完善付出毕生精力的人、以大型钢铁厂为家的人、可能身为钢铁工人后代的人(许多美国钢铁公司的高级管理人员都属于这种情况)而言,大型钢铁厂以外的任何东西都是诡异而陌生的,更确切地说,就是一种威胁。要在这种"敌对状态"之下发现自己的最佳机遇,着实需要付出相当多的努力。

无论机构的规模是大还是小,是公共服务机构还是企业,大多数机构或企业中的高层管理人员通常都是在某个领域成长起来的。对于他们而言,那里可能才是让他们感到比较得心应手的地方。

意外的成功是对管理层判断力的一种挑战。以上这家钢铁公司的董事长在拒绝年轻人士的提议时曾这样说过:"如果迷你钢铁厂真是一个机遇的话,我们自己应该能够看出来。"管理者虽是凭借自己的判断力来拿薪水,但这并不意味着他们永远不会犯错误。实际上,公司聘用他们是希望他们能够认识并勇敢地承认自己所犯的错误,特别是当他们所承认的错误为公司提供了一个新的机遇时。但是,这种现象并不普遍。

意外的成功不仅仅是创新的机遇,同时还需要有所创新。意外的成功迫使我们自问,就公司的业务范围而言,目前有哪些基本变化适合意外的成功?就意外的成功的技术而言呢?就意外的成功的市场而言呢?如果能够正视这些问题,那么意外的成功可能会带来回报高、风险小的创新机遇。

杜邦(全球性化学公司)和IBM(计算机行业的巨头)这两家公司将其卓越成就归功于把意外的成功视为创新机遇并主动加以利用。

案例

在长达 130 年的时间里,杜邦公司把自己的业务局限在军火和炸药制造领域。在 20 世纪 20 年代中期,杜邦公司首次将业务延伸到其他领域,其中之一就是全新的聚合物化学(polymer chemistry)。第一次世界大战期间,德国人在这方面一直处于领先地位。杜邦公司的研究进行了好几年,但都没有任何进展。1928 年,一位研究助理回家前忘记了关掉炉子,炉火烧了整整一个周末。到了星期一的早晨,该公司负责研究的化学家华莱士 H. 卡罗瑟斯(Wallace H. Carothers)发现,壶里的东西已经凝结成纤维。随后,杜邦公司又花了 10 年时间才发现了制造尼龙的方法。这个故事的要点在于,同样的意外在德国大型化学公司的实验室里也发生过好几次,而且发生的时间要早很多。那时,德国人正在寻找聚合纤维,他们本可以得到聚合纤维,而且比杜邦公司早多年制造出尼龙,并由此获得全球化学工业领域里的领导地位。但是,由于德国人没有计划这项实验,所以他们放弃了这个实验结果,将意外产生的纤维倒掉,随后又从头开始。

IBM 公司的历史同样表明,只要对意外的成功加以重视,就能产生效果。IBM 公司之所以有今天的辉煌,很大程度上是两度(而非一次)利用意外成功的结果。20 世纪 30 年代初期,IBM 公司几乎要倒闭了,IBM 公司倾其所有资金设计了第一台银行专用的电动机械记账机,但是在 20 世纪 30 年代初的大萧条时期,美国银行并不想添置任何新设备。即使在那时,IBM 公司也不曾实施减员政策,于是继续制造这种机器,并将成品囤积在仓库里。

就在 IBM 公司处于低谷时,故事就这么展开了。一天,IBM 公司的创始人托马斯·沃森(Thomas Watson)参加一个晚宴,碰巧坐在一位女士旁边。当女士得知他的名字时,说道:"你就是 IBM 公司的沃森先生吗?你的销售经理为何拒绝向我展示你们的机器呢?"沃森有点丈二和尚摸不着头脑。当女士告诉沃森自己是纽约公共图书馆馆长时,他仍旧迷惑不解,因为他从未去过公共图书馆。但是第二天早上,该图书馆一开门,沃森就出现在那里。

当时,该图书馆拥有数目可观的政府拨款款项。两个小时后,当沃森走出图书馆时,手中拿着一份足够支付下个月工资的订单。后来,他只要谈起这个故事,就会笑着补充一句:"我当场制定了一项新政策:先交款,后送货。"

15 年后,IBM 公司研制出一台早期的计算机。与美国其他早期的计算机一样,IBM 公司的计算机是专为科学研究而设计的。事实上,IBM 公司之所以会进入计算机行业,很大程度上是由于沃森对天文学的兴趣。当 IBM 公司的计算机首次在麦迪逊大街的展示橱窗亮相时,吸引了一大批人围观。这台计算机通过编程,计算出了月亮在过去、现在和未来所有的圆缺。

紧接着,有些企业开始购买计算机用于处理普通的事务,如薪资计算等。优尼瓦克(Univac)公司虽然拥有当时最先进、最适合企业使用的计算机,但该公司不想供应给企业,怕辱没了自己的科技奇迹。IBM公司虽然同样惊讶于业界对计算机的强烈需求,但立即做出了反应。IBM公司宁愿放弃自己的计算机设计,而使用竞争对手优尼瓦克公司的产品设计,因为IBM公司的设计并不特别适合会计工作。于是,在短短4年之内,IBM公司就获得了计算机市场的领导地位,尽管在以后的10年里,IBM公司的计算机在技术上仍略逊于优尼瓦克公司生产的计算机。IBM公司还愿意站在企业的立场上来满足它们的需求。例如,IBM公司还为企业界培训编程人员。

同样,日本家电龙头企业松下电器产业株式会社(以Panasonic和National两个品牌闻名于世,以下简称松下电器)也将其崛起归功于它愿意利用意外的成功。

20世纪50年代早期,松下电器还是一家不起眼的小公司,在任何方面都远远落后于历史悠久且实力雄厚的行业巨头,如东芝公司、日立公司。如同当时日本其他家电厂商一样,松下知道电视在日本无法迅速成长。东芝公司的总裁在纽约的一次会议上这样说道:"日本还很穷,无力购买这样的奢侈品。"但是松下知道日本农民显然不清楚自己很穷、买不起电视这样的事实。这些农民所了解的是,电视第一次让他们接近大千世界。他们虽然无力购买电视机,但不管怎样,他们还是愿意购买。当时,东芝公司和日立公司所生产的电视机质量比较好,但两家公司只将电视机放在东京的银座和大城市的百货公司里展示,明显透露出不欢迎农民到这样高雅的环境里来参观的信息。松下电器却来到农村,挨家挨户地推销电视机。在当时的日本,这种推销方式还没有被用于比棉布裤或围裙更贵重的产品上。

当然,光凭意外事件是不够的,苦等邻座的女士对一个濒临失败的产品表现出意外的兴趣,也不是办法。因此,寻找意外的成功必须有组织地进行。

首先,要确保意外的成功能够被发现,要确保它能引起有关人士的注意,它必须以特写的形式登载于管理层所获得并加以研究的信息中。

管理层必须带着问题来看待每一次意外的成功,这些问题包括:① 如果我们对意外的成功加以利用,会对我们有什么意义?②意外的成功会带领我们走向何方?③ 我们要如何做才能将它转换成机会?④ 我们如何着手进行?首先,管理层必须拨出特定的时间对意外的成功加以讨论;其次,要指派专人研究意外的成功,并考虑如何加以利用。

意外的成功是一种机遇,但也提出了要求。要求人们慎重地对待它;要求配备最优秀的、最有能力的人员,而不是我们随便可以抽调的人员;要求管理层给予与机遇大小相匹的关注度和支持,机遇是值得慎重考虑的。

与此同时,生活中也有着失败。失败与成功不同,人们无法拒绝它,而且几乎不可能不注意它,但失败很少被人们视为机遇的征兆。当然,也有许多失败是由于错误、贪婪、愚昧、盲目追风或者设计和执行不力导致的结果。但是,如果经过精心设计、细心规划以及小心执行后仍然失败,那么这种失败可能预示着根本的变化,以及随之而来的机遇。

也许是产品的设计或服务或营销战略所依据的假设不再符合现实状况;也许是客户已经改变了他们的价值观和认知,尽管他们购买的仍是同一种产品,但他们实际所购买的是截然不同的价值;也许是原本的同一市场现在分裂成了两个或更多个市场,而且每一个市场所要求的东西都全然不同了。诸如此类的变化都是创新的机遇。

2. 创新的来源之二——不协调的事件

所谓的不协调(incongruity),是指现状与事实"理应如此",或者客观现实与个人主观想象之间的差异。我们可能并不了解不协调产生的原因,也可能不理解不协调的本质,事实上,不协调仍然是创新机遇的一个征兆。套用地质学中的一个术语,不协调表示其中有一个根本的断层,这个断层提供了创新的机遇。不协调产生了一种不稳定性,在不稳定性中,只要稍做努力,即可产生大的效应,促进经济或社会结构的重新调整。但是,不协调的状况通常不会在管理人员收到的数据或报告中显示出来,因为它们是定性的而非定量的。

与意外的成功或者失败一样,不协调也是变化的征兆,无论这种变化是已然发生的还是可以被促成的。就像隐藏在意外事件下面的变化一样,隐藏在不协调下面的变化也是一个产业、市场或程序发生的变化。因此,对处于该产业、市场或程序中的人来说,不协调事件是显而易见的。但是不协调事件往往被业内人士当作理所当然的事件而忽略了,他们会说"不协调事件一直都是这样的",即使"一直"可能只是最近发生的事件。

不协调的状况有以下几种:某个产业(或公共服务领域)中经济现状之间的不协调;某个产业(或公共服务领域)中认知和现实状况之间的不协调;某个产业(或公共服务领域)中认知的与实际的客户价值和期望之间的不协调;程序的节奏或逻辑的内部不协调。

1) 不协调的经济现状

如果某个产品或服务的需求稳步增长,那么其经济效益也应该稳步提高。在一个需求稳步上升的产业里,获得利润是轻而易举的事情,此乃大势所趋。如果在这样一个产业里得不到利润,则说明经济现状之间可能存在着不协调。

一般而言,这种不协调的经济现状都是宏观现象,发生在整个产业或整个公共服务领域内部。但是,其中存在的重大创新机遇,通常只适合小型且资源高度集中的新企业、新程序或新服务。通常,在现有的企业或供应商察觉到其又有了新的竞争对手之前,利用这种不协调的创新机遇会在一段相当长的时间内可以不受干扰地发愤图强。因为前者忙于弥补不断增长的需求与滞后的效益之间的差距,甚至无暇顾及有人正在做不同的事情——一些能够产生成果或对不断增长的需求加以利用的事情。

虽然我们理解所发生的事情,但是根本无法弄明白为什么需求的增长并不能带来更高的效益。因此,创新者不必弄清楚为什么事情没有按照其原本应有的模式发展,而是要问以下问题:如何才能利用这种不协调?如何将其转化成机遇?我们能做些什么?经济现状之间的不协调是一种要求采取行动的信号。有时候,尽管问题本身不太明朗,但是所要采取的行动相当明确;而有时候,虽然我们对问题完全理解,却想不出该对它采取什么行动。

迷你钢铁厂就是一个极好的例子,它成功地利用不协调进行创新。

第一次世界大战结束后的 50 多年来,发达国家的大型综合钢铁厂只在战时出现过辉煌。在和平岁月中,尽管钢铁的需求量持续上升(至少在 1973 年以前是如此),但这些钢铁厂的表现一直差强人意。

其实,造成这种不协调的原因早已众所周知。即使是通过小幅度提高钢铁产量来满足额外增加的需求,大型综合钢铁厂也必须进行巨额投资,并大幅扩充产能。因此,如果要扩建现有钢铁厂的规模,很可能会造成钢铁厂在相当长的一段时间里使用率过低,直到需求水平达到新的产能水平为止。然而,除了在战争时期外,其他时期的需求总是少量地、缓慢地增加。如果面对需求不断增加却不进行扩产,就意味着永久地丧失市场份额。没有哪家钢铁厂敢冒这种风险。因此,整个产业只在短暂的几年时间里是有利可图的,即从每家钢铁厂开始扩建新产能起,到所有这些新扩充的产能满负荷运转为止。

此外,19 世纪 70 年代发明的炼钢过程不太经济,这一点早为世人所知。该炼钢过程试图挑战物理学法则,意味着其违背了经济学原理。在物理学中,除了克服重力和惯性外,再也没有比制造温度更费劲的了(无论是制热还是制冷),而大型综合炼钢过程要求四次产生相当高的温度,目的是将钢铁淬火变冷,且大量灼热的物质被高高举起,并移动相当长的距离。

多年以来,大家清楚能在炼钢过程中减少这些固有缺陷的创新,就能大幅降低成本。这正是迷你钢铁厂所做的事情。迷你钢铁厂并非一家小型工厂,其最小的经济规模大约是 1 亿美元的销售额。但是,这仍然只是最小经济规模的大型综合钢铁厂的 1/10~1/6。因此,建立迷你钢铁厂来满足市场上额外增加的钢铁需求量非常经济。迷你钢铁厂在整个炼钢过程中只产生一次高温,且不必淬火,而是将温度沿用到剩下的过程中。该炼钢过程以碎钢为原料,而不是铁矿石,只集中生产一种最终产品,如钢板、横梁或连杆。大型综合钢铁厂是高度劳动密集型企业,而迷你钢铁厂则是自动化控制型企业,因此,迷你钢铁厂的炼钢成本还不到传统炼钢成本的一半。

政府、工会以及大型综合钢铁厂始终一步步地与迷你钢铁厂相抗争,但迷你钢铁厂依然顽强地稳步发展。到 2000 年,美国所使用的钢材已有 50% 以上来自迷你钢铁厂,而大型综合钢铁厂将不可逆转地走向衰落。

这里还有一个意想不到且重要的复杂情况。在造纸业中,需求与制造过程的经济现状之间也存在着这种不协调现象。但在这方面,我们仍然不知道如何将其转化为创新机遇。

虽然所有发达国家和大多数发展中国家的政府一直在努力,希望增加市场对纸张的需求——或许这是所有国家的政府唯一意见一致的目标,但是造纸业的表现仍然令人失望。这个行业通常是 3 年的"空前利润",紧接着必定跟着 5 年的生产过剩和亏损。但是迄今为止,我们还想不出采用类似迷你钢铁厂的方案来解决造纸业的问题。多年以来,我们知道木质纤维是一种单体(monomer),也许有人会说,寻找一种塑化剂,将它转化成聚合体应该并不困难。这种创新能使造纸业从原先效率低下、浪费严重的机械作业转变成效率较高的化学作业。事实上,100 多年前,人们就用这种方法成功地从木浆中提炼出纺织纤维,比如人造丝的制造过程,其时间可追溯到 19 世纪 80 年代。尽管造纸研究花去了大笔资金,但迄今为止,仍没有人发现能用化学作业造纸的新技术。

正如上述案例所示,在不协调情况中,创新解决方案必须清晰地加以界定,应依赖现有的、广为熟悉的技术来实现,而且所需要的资源也必须容易获得。当然,这需要艰苦的开发工作。但是,如果仍需要大量的研究和新知识,那么就不能为企业家所运用,即尚未"成熟"。成功利用经济现状之间的不协调的创新必须是简单的,而非复杂的;必须是显而易见的,而非浮夸不实的。

在公共服务领域里,我们同样也能够发现经济现状之间的重大不协调。

发达国家的医疗保健就是一例。即使在 1929 年,医疗保健在所有发达国家国民支出中所占的比重仍然很少,不足国民生产总值的 1%。半个世纪以后,医疗保健,尤其是医院,占国民生产总值的比例已达 7%~11%。但是,这一领域的经济效益没有增长,反而走下坡路。成本增加的速度快于业务增长的速度——可能快了三四倍。在这之后的几十年中,随着发达国家老年人口的稳步增长,医疗保健服务的需求也稳定增长,而成本也随之上扬,因为它与人口的年龄结构密切相关。

我们并不了解这种现象,但是,简单、对象明确且专注于特定目标的成功创新已经在英国和美国出现了。这些创新彼此差异很大,其原因是英美两国的体制有很大的差别。但是,英美两国都是利用了本国医疗体制的特定薄弱环节,并将其转变成了机遇。

在英国,革命性的创新是私人健康保险。目前,该保险已经成为普遍的员工福利。该保险所承诺的保障是让投保人能够立即接受专家的诊断,而不必排长队;当需要进行选择性外科手术(elective surgery)时,也不需要苦苦等候。英国的制度试图通过治疗类选法(triage)来降低医疗保健成本,实际上这种方法就是将紧急治疗留给常规性疾病以及危及生命的疾病,而延迟其他疾病——特别是进行选择性外科手术的治疗时间,目前等待治疗的时间已经有超过一年的(如治疗因关节炎而受损的髋关节)。但是,私人健康保险的投保人则可以立即接受手术。

与英国不同的是,美国试图不惜成本来满足所有类型的医疗保健需求,结果美国的医院成本暴涨。这种现象创造了一个与英国不同的创新机遇——剥离(unbundle),即将诸如治疗癌症的钴放射线或身体扫描机、配备齐全的自动化医疗实验室或康复治疗业务等从医院剥离出来,成为独立的机构。这些创新机构一般都比较小而且专业化,比如,为母亲和新生儿提供汽车旅馆设施的独立妇产中心;专门进行不需要住院和术后护理的独立"流动"外科手术中心;心理诊断和咨询中心;类似的老年病治疗中心,等等。

这些新机构并未取代医院的地位,它们所起的作用实际上是迫使美国医院担负起如英国人赋予医院的角色:救治急诊病人、治疗危及生命的疾病以及提供细致护理的场所。但是,与英国一样,这些创新主要出现在以盈利为目的的医院里,它们将不断增长的医疗保健需求与不断下滑的医疗保健效益这两种经济现状之间的不协调转化成了创新机遇。

这些都是来自主要行业和公共服务领域中的创新实例。但是,也正是基于这个原因,我们才得以接近、发现并了解它们。重要的是,这些例子揭示出为什么经济现状之间的不协调能够提供如此大的创新机遇。在这些行业或公共服务领域工作的人,都十分清楚这中间存在的基本缺陷,但是他们不得不忽略它们,而忙于"头痛医头,脚痛医脚"和"拆东墙补西墙"的救火工作。如此一来,他们就无法认真地对待创新,更不用说投入创新竞争了。一般而言,只有等到创新机构成长壮大,发展到侵犯他们的行业或服务时,他们才会注意到它们,但到了那个时候,一切早已回天乏术。这时,创新者已经有了自己的一席之地。

2)认知和现实状况之间的不协调

处于某个行业或公共服务领域的人一旦对现状产生错误的看法,并由此做出错误的假设时,他们的努力就会被误导。他们将专注于不会产生任何结果的领域。于是,现实与行动之间就产生了不协调,只要有人能认识到这种不协调并对其加以利用,就会提供成功的创新机遇。

昔日国际贸易的运输工具——通用远洋货轮,就是一个简单的例子。

20世纪50年代早期,人们认为通用远洋货运即将成为历史。人们预测,除了大宗货物以外,海上货运将被航空货运所取代。当时,海上货运的成本急速上升。同时,由于许多港口变得拥挤不堪,因此货轮运送货物的时间也变得越来越长。此外,由于轮船无法进港,所以越来越多的货物只能堆积在港口等待,偷窃现象也日趋严重。

造成这种局面的根本原因在于,多年以来,船运业一直错误地投入不会产生任何结果的领域。船运业试图设计并建造速度更快、燃料更省和配备人员更少的轮船,专注于船只在海上及各港口之间的运输经济性上。

但是,轮船是资本设备。对于资本设备而言,最大的成本就是闲置成本。设备一旦闲置,它就无法赚钱来支付利息。当然,船运业的人都知道,一艘船的主要费用就是投资的利息支出。然而,船运业还是继续将工作重点放在原已相当低的成本上——船只在海上及运输中所发生的成本。

解决方案其实非常简单:将装货与装船分开,在陆地上装货,因为陆地上有足够的空间,而且能够在轮船进港之前预先完成。这样一来,船只进港后要做的工作只是将事先装好的货物卸载而已。换言之,就是将工作重点放在解决闲置成本上,而非工作中的成本。解决问题的方法就是,研制滚装滚卸货轮以及集装箱货轮。

这些简单的创新带来的结果是惊人的。在过去 30 年中,轮船货运量上升了 5 倍,而总成本则下降了 60%。大多数情况下,轮船在港口的停留时间缩减了 3/4,港口的拥挤和偷窃现象也大为改善。

认知和现实状况之间的不协调往往显而易见。如果认真而专注地工作非但没能使情况好转,反而使它更恶化(如更快的船速只会造成更严重的港口拥挤和更长的货运时间),那努力的方向就很可能搞错了。只要将注意力重新放在会产生结果的领域,十之八九就能够轻易且快速地产生高额回报。

事实上,认知和现实状况之间的不协调很少需要大的创新。将装货从装船作业中分离出来,其实只需将铁路和卡车运输中早就研制出来的方法加以改进,使之适用于远洋运输业而已。

认知和现实状况之间的不一致,一般出现在整个产业或服务领域里。但是,解决方案仍然应该保持简单、小规模化、有重点且高度专业化的特性。

3)认知与实际客户价值和期望之间的不协调

前面我们讲过电视机在日本的例子,并将其作为意外成功的一个例子。其实,这也是认知与实际客户价值和期望之间不协调的一个例子。在那位日本实业家告诉他的美国听众(日本的穷人不会买电视机,因为他们根本买不起这么奢侈的消费品)之前,美国和欧洲的穷人就已经表现出电视机能够满足他们的某些期望,而这些期望与传统的经济没有多大关系。但是,这位日本实业家就是无法理解:对客户而言,尤其是穷客户,电视机并不仅仅是一件物品,而是代表着通往一个全新的世界,很可能还是一种全新的生活。

同样,赫鲁晓夫也无法理解汽车不只是一个交通工具,他于1956年访美时说:苏联人应该不会想要拥有汽车,便宜的出租车会更实际。不过,任何一个青少年都会告诉他,四轮汽车并不仅仅是交通工具,还代表着自由、权力和浪漫情调。赫鲁晓夫的错误认知,却创造了一个机遇:苏联汽车的短缺,造就了一个最大、最有生机的汽车黑市。

有人会说这是些大而空泛的例子,对商人或医院、大学或贸易协会的管理人员没有什么适用性。但是,这些例子是具有普遍性的。以下是一个完全不同的例子,尽管也有些大而空泛,但绝对具有操作性。

在过去,美国成长速度较快的金融机构之一是一家位于中西部城市郊区(而不是纽约)的证券公司。如今,该公司在全美拥有2000个分支机构,它将自己的成功和发展归功于有效地利用了某种不协调。

那些大型的金融机构,如美林(Merrill Lynch)、添惠(Dean Witter)以及哈顿(E. F. Hutton),这些机构都以为客户与自己有着相同的价值观。在这些机构看来,人们投资就是为了发财,这是不言自明的公理。而这就是激励纽约股票交易所成员的动力所在,也是衡量他们所认为的成功的标准。但是,这种假设只符合一部分投资大众的心理,而且还不是大多数人。因为这些人不是金融人员,他们知道想要通过投资发财,必须在资金管理上投入全部的时间,而且还需要拥有丰富的金融知识。然而,当地的专业人士、小镇的商人以及富裕的农民既没有时间又缺乏这方面的知识,他们忙于赚钱,而无暇管理自己的资金。

这正是这家中西部证券公司所利用的不协调。从表面上来看,该公司与其他证券公司没有什么不同。该公司是纽约股票交易所的成员之一,业务中也只有很少的一部分,约1/8来自股票交易业务。该公司避开了华尔街那些大型交易所极力推崇的项目,诸如期权交易、期货交易等,而吸引被它称为"明智投资者"的人。该公司并不向客户承诺发大财——这是美国金融服务机构的一大创新,甚至不想要那些做大买卖的客户,它想要的客户是那些收入大于支出的人,例如成功的专业人士、富裕的农民或小镇的商人。该公司之所以选择这些人,不是因为他们的收入较高,而是因为他们消费比较适度。该公司利用这些人想要保护自己钱财的心理,投其所好。该公司出售的是保持个人储蓄不贬值的产品——通过投资债券、股票、递延年金、房地产信托等。该公司提供的是与众不同的产品,是华尔街的券商从未出售过的产品,而这正代表了明智投资者真正的价值。

华尔街的大型证券公司甚至无法想象会有这样的客户存在,因为他们的出现否定了这些证券公司以往一直深信不疑、奉为真理的每一件事情。如今,这家成功的中西部证券公司已经被传媒广泛宣传,在每一份成长的大型证券交易公司的名单上,都会出现其名字。

但是，那些大型证券公司的高层人士甚至不愿承认这个竞争者的存在，更不用说认可其成功了。

隐藏在认知和现实状况之间的不协调背后的往往是智者的傲慢、强硬和武断。那位日本实业家事实上是如此断言的："了解日本穷人能买得起什么东西的是我，而不是他们。"这解释了为什么不协调能够如此轻易地被创新者利用：没有人打扰他们，他们可以专心致志、埋头苦干。

在所有不协调中，认知和现实状况之间的不协调最为普遍。生产商和供应商几乎总是对顾客真正要购买的东西产生误解。他们总是假设对自己有价值的东西对顾客也具有同样的价值。当然，要想成功地做一件事情，就必须相信这件事情并认真去做。化妆品制造商必须相信自己的产品，否则这些产品就会变成劣等产品，然后很快失去顾客。经营医院的人也必须相信医疗保健是一种好产品，否则医疗和护理的质量就会迅速下降。然而，几乎没有一个顾客会认为，他所购买的价值就是生产商或供应商所提供的价值，他们的期望值和价值观总是不同的。

于是，生产商和供应商对此的典型反应就是，抱怨顾客"不理性"或"不愿为品质付出代价"。只要听到这种抱怨，我们就有理由相信，生产商或供应商所保持的价值和期望与顾客真正的价值和期望不协调。这时，我们就有理由去寻找一种极为特定且成功率相当高的创新机遇。

4）程序的节奏或逻辑的内部不协调

20世纪50年代后期，某家制药公司的一名推销员决定自行创业。于是，他开始在医疗操作程序上寻找不协调，且很快找到了一处。在外科手术里，最普遍的手术之一就是老年人的白内障手术。多年来，白内障手术的每一步都已经精细化、程式化和仪器化，能以相当完美的节奏进行，且整个过程可以完全掌控。但是，在这个手术里，仍有一个不那么完美的地方：在手术的某个阶段，眼科大夫必须切断病人眼部的韧带，扎紧血管。在这一过程中，极有可能会出现患者眼睛流血的现象，进而损坏眼睛。虽然这一步的成功率超过99%，但是会干扰眼科大夫，迫使他们改变节奏，让他们产生顾虑。每位眼科大夫无论做过多少次这种手术，也会对这一环节感到担心和恐惧。

这家制药公司的推销员就是威廉·康纳（William Connor），他没做多少研究就发现了19世纪90年代成功分离出来的一种酶能够立即溶解眼睛里那条特殊的韧带。只是当时没有人能够保存这种酶，即使放在冷冻状态下，也只能保存几个小时。但自1890年开始，储藏技术有了很大的进步。因此，康纳在短短几个月的时间内，通过反复试验发现了一种储藏方法，可以给予这种酶相当长的存活时间，又不破坏酶的效力。于是，在短短几年之内，全球每一位眼科大夫都用上了康纳的专利化合物。20年后,康纳将自己的公司——爱尔康实验室(Alcon Laboratories)以高价卖给了一家跨国公司。

(二)企业家精神

随着经济全球化和科技的迅猛发展,市场竞争日益加剧。我国经济转型升级和高质量发展对企业成长提出了更高的要求,企业迫切需要通过创新实现跃升发展。企业家精神作为企业创新和成长的重要驱动备受企业界和理论界的关注。

改革开放40多年来,中国经历了政治、经济、意识形态和技术的重大转变,这些转变也必然带来诸多问题。同样,世界经济也经历了重大转变,对于我国而言,至少拥有了一种崭新的经济,笔者不知道是否能够把这种经济像德鲁克先生描述美国经济的那样,称为"企业家经济",但是,可以肯定的是,中国开始迈入了企业家和企业推动经济发展与社会变革的时代。

企业家精神一词最早出现在法国经济学家萨伊的著作中,萨伊认为:企业家是能把资源从生产力和产出较低的领域转移到较高的领域,并敢于承担一切相关风险和责任的人。企业家精神就是企业家表现出来的战略前瞻性、市场敏感性和团队领导力。企业家精神面对相同的或类似的创新机遇时,不同的人抓住机会的能力也不同。具有企业家精神的人,既有高瞻远瞩的眼光,又有脚踏实地的干劲,这些人能抓住创新机遇。

企业家精神是企业核心竞争力的重要来源,它不仅能成为企业内在的发展动力,更能为企业带来外部发展机遇。

1. 思辨精神

思辨精神就是思考与辨析能力。所谓思考指的是分析、推理、判断等思维活动;所谓辨析指的是对事物的情况、类别、事理等的辨别、分析。思辨能力首先是一种抽象思维能力。一个人获取知识的能力,一般被认为是指学习能力,而决定一个人发展潜力的能力则是思辨能力。简要地说,层次分明、条理清楚的分析,清楚准确、明白有力的说理,即是思辨能力的主要特征。

2. 创新精神

马克·贝尼奥夫说,快速成长的公司必须持续创新,公司就像鲨鱼一样,一旦一动不动,就是死路一条。但也有人说,不创新是等死,创新是找死。这两种完全不同的说法可能是因为对创新的理解不同,创新不都是高科技的,也有中科技的、零科技。彼得·德鲁克认为:创新的本质是为客户创造新的价值,而不是技术、概念本身。比如,集装箱的使用对于海运来说就是一项伟大的创新。

3. 创业精神

创业精神是指在创业者的主观世界中,那些具有开创性的思想、观念、个性、意志、作风和品质等。创业精神有三个层面的内涵:哲学层次的创业思想和创业观念,是人们对于创业的理性认识;心理学层次的创业个性和创业意志,是人们创业的心理基础;行为学层次的创业作风和创业品质,是人们创业的行为模式。

拓展:企业家在创业过程中的职能

1)创造需求

人的基本需求是本来就有的,如生理、精神的需要,将这些需要变为市场需求,是企业家的职能。

2)创造价值

产品的价值是为了满足顾客的需要,企业家通过技术的衍生、扩展和创新,不断挖掘、发现和实现价值。

3)创造新市场

市场是产品和服务潜在顾客和实际顾客的集合。企业家能发现新顾客和老顾客的新需求,也能发现潜在的新技术,并将其转化为产品或服务,以激发顾客的潜在需求。

4)创造规则

新产品和由该产品构成的产业需要标准和通行规则,企业家是这些标准的制定者和规则的创造者,也以这些标准和规则占据领导者地位,获得话语权。

5)创造新秩序

企业家是市场秩序和竞争格局的颠覆者、创建者,无论是"体验经济""分享经济""粉丝经济",都属于新市场秩序和关系,形成新的竞争格局。

4. 探索冒险精神

可以说每一个优秀的企业家都是冒险者,面对新技术、新市场、未来趋势等不确定因素,企业家必须时刻保持警觉,要善于捕捉每一个机会,在这背后需要企业家具有相当的冒险精神,机遇总是伴随着风险。

企业家的冒险精神区别于赌徒和投机者。企业家对于创业的未来是有洞察力的,并非是赌一把的心态;是具有辨别力的,而不是盲目的;是靠实际落地执行的,而不是指望"撞大运""天上掉下个金娃娃"。探索冒险精神具体包括以下6点。

1）探索精神

企业家实现创业目标的创新过程就是一系列探索：探索新的产品概念、新的市场、新的应用、新的流程、新的材料、新的途径、新的商业模式、新的生产方式、新的管理理念等。

2）冒险精神

创新型创业企业具有极大的不确定性、不可预测性，又因为没有先前可借鉴的经验，所以企业家必须依据自己的判断，在极不确定的环境中做出决策，自己承担后果。冒险精神并非蛮干，而是建立在正确的思考和对事物的理性分析之上。

3）判别能力和决策精神

创新型创业企业具有极大的不确定性，我们无法用常规的判别准则和指标来作决策。这就需要企业家有区别于常人的判别能力，能深刻把握创业项目本身的技术内涵和市场潜力，适时做出正确的决断。这需要企业家具有专业的知识和进行专业的指挥，同时也要摆脱传统的思维模式，摒弃其他人的舆论和干扰。

4）担当精神

企业家要在极不确定的环境中做出抉择，必须承担决策的全部后果，这就是担当精神。"疾风知劲草，烈火见真金。"管理大师德鲁克说：每当你看见一个成功的企业，必定是有人做出过勇敢的决策。成功的企业家勇于担当，敢于负责，迎难而上，不惧风险，苦练内功，坚定做带领企业改革发展的探索者、组织者、引领者。

5）承受能力

创新型创业企业需要企业家承受困难与挫折的打击。冯仑说过，对于企业家而言，每天都会遇到很多困难，每天都在扛。扛住了就是本事，扛不住局就破了，摊子就散了。企业家要有担当能扛事，就是以担当带动担当，以作为促进作为，引领企业敢于担当，乐于扛事，保持持续发展。有些企业家白手起家，屡败屡战，扛过去了，便有了丰功伟绩。

6）执着精神

支撑承受能力的就是执着精神，对理想的追求、对目标的鉴定、对本人和创业团队的自信，坚持走所选择的道路。"没有过不去的坎"既是人生态度，也是创业态度。

任务三　创新常用的思维方法

在2015年的"政府工作报告"中，其中有38次提到"创新"，13次提到"创业"，2次专门提到"大众创业,万众创新"。

在工作中,我们要培养自己的创新意识,敢于突破思维定式,提高创新能力。创新能力的表现主要有:发现问题的敏锐观察能力,分析问题的思维能力,远见卓识预见未来的能力,拓展思路求索答案的能力,借鉴经验开拓新路的能力等。创新能力提高的前提是要培养创新思维,而创新思维的形成需要以下三个条件。

1. 独立思考

不经过独立思考或人云亦云,基本不可能产生新的创意。

2. 善于发现

细心观察,创意就会无处不在。

3. 敢于行动

敢于将创意付诸行动,不做空想者。

(一)创新思维

思维是人脑对客观事物的间接的、概括的反映,是人类独有的高级认识活动。创新思维是创新的灵魂与核心,是指以新颖独创的方法解决问题的思维过程,通过这种思维能突破常规思维的界限,用超常规甚至反常规的方法、视角去思考问题,提出与众不同的解决方案,从而产生新颖的、独到的、有社会意义的思维成果。

1. 创新思维的特点

1)联想性

联想是将表面看来互不相干的事物联系起来,从而达到创新的界域。联想性思维可以利用已有的经验创新,如我们常说的由此及彼、举一反三、触类旁通,也可以利用别人的发明或创造进行创新。联想是创新者在思考时经常使用的方法,也比较容易见到成效。能否主动地、有效地运用联想,与一个人的联想能力有关,然而,在创新思考中若能有意识地运用这种方式,则是有效利用联想的重要前提。任何事物之间都存在着一定的联系,这是人们能够采用联想的客观基础,因此,联想的主要方法是积极寻找事物之间的一一对应关系。

2)求异性

创新思维在创新活动过程中,尤其在初期阶段,求异性特别明显。求异性要求关注客观事物的不同性与特殊性,关注现象与本质、形式与内容的不一致性。

英国科学家何非认为:科学研究工作就是设法走到某事物的极端而观察它有无特别现象的工作。创新也是如此。一般来说,大多数人对司空见惯的现象和已有的权威结论怀有盲从和迷信的心理,这种心理的人很难有所发现、有所创新。而求异性思维则不拘泥于常规,不轻信权威,以怀疑和批判的态度对待一切事物和现象。

3)发散性

发散性思维是一种开放性思维,其过程是从某一点出发,任意发散,既无一定方向,又无一定范围。这种思维主张打开大门,张开思维之网,冲破一切禁锢,尽力接受更多的信息。可以海阔天空地想,甚至可以想入非非。人的行动自由可能会受到各种条件的限制,而人的思维活动却有无限广阔的天地,是任何别的外界因素难以限制的。

发散性思维是创新思维的核心。发散性思维能够产生众多的可供选择的方案、办法及建议,能提出一些别出心裁、出乎意料的见解,能让一些似乎无法解决的问题迎刃而解。

4)逆向性

逆向性思维就是有意识地从常规思维的反方向去思考问题的思维方法。如果把传统观念、常规经验、权威言论当作金科玉律,则常会阻碍我们创新思维活动的展开。因此,面对新的问题或长期解决不了的问题,不要习惯于沿着前辈或自己长久形成的、固有的思路去思考,而应从相反的方向寻找解决问题的办法。

欧几里得几何学建立之后,从公元5世纪开始,就有人试图证明作为欧氏几何学基石之一的第五公理,但始终没有人成功,人们对它似乎陷入了绝望。1826年,罗巴切夫斯基运用与过去完全相反的思维方法,公开声明第五公理不可证明,并且采用了与第五公理完全相反的公理。从这个公理和其他公理出发,他终于建立了非欧几何学。非欧几何学的建立解放了人们的思想,扩大了人们的空间观念,让人类对空间的认识产生了一次质的飞跃。

5)综合性

综合性思维是把对事物各个侧面、部分和属性的认知统一为一个整体,从而把握事物的本质和规律的一种思维方法。综合性思维不是把事物各个部分、侧面和属性的认知随意地、主观地拼凑在一起,也不是机械地相加,而是按照事务内在的、必然的、本质的联系,在思维中再现整个事物。

美国在1969年7月16日实现了"阿波罗"登月计划,参加这项工程的科学家和工程师有42万多人,参加单位有2万多个,历时11年,耗资300多亿美元,共使用700多万个零件。美国"阿波罗"登月计划总指挥韦伯曾指出:阿波罗计划中没有一项新发明的技术,都是现成的技术,关键在于综合。可见,"阿波罗"计划是充分运用综合性思维方法进行的最佳创新。

2. 创新思维的四个阶段

1）准备——问题的提出

即解决问题者由情境的刺激引起多方面的联想观念，经过筛选，抛弃一些对解决问题无用的观念，仔细核实一些有用的观念。逐渐明辨问题的特点，找到解决问题的头绪。

2）酝酿——问题的求解

针对问题，根据已有的理论和搜集到的事实，提出各种可能的解决方案（也就是科学探索过程中的假说），并对所提方案作出评价。这实际上是一个试错过程，它往往要经过多次甚至无数次的失败，促使问题中的矛盾愈来愈尖锐化。在"山穷水尽"的情况下，研究者仍然日思夜想，进入"如醉如痴"的境界，这是有意识和无意识交替作用的阶段。

3）豁朗——问题的突破

解决问题的方案（假说）是在这个阶段形成的，这是创造性思维过程的关键阶段，在这个阶段上打破陈旧的观念，摆脱思维定式的束缚，创造性地提出新观念、新思想、新方法，是决定性的环节。新观念、新假说提出时开始只是思想的闪光，或者是模糊不清的，或者是带有错误成分的，必须经过进一步的整理、修改和完善的逻辑加工过程才能形成。

应该指出，新方案的产生时间往往很短，甚至只是一瞬间，而逻辑加工的过程却需要很长的时间；只有经过逻辑加工，问题的解决方案才能豁然开朗，才能成为可以检验、评价的方案。这是第三境界，象征历尽千辛万苦后，突然发现成功就在眼前，问题的答案赫然出现，这就是顿悟。这个阶段也是有意识和无意识交替作用的阶段。

4）验证——成果验证、检验

解决问题的方案是否成功、是否有价值，只有经过检验、评价才能确定。这个阶段主要是设计、实验与观察，检验由新假说推演出来的新结论是否正确。在检验新假说时，新的实验与观察的执行人可以不同，时间的长短也可以不同，检验的结果可以是新方案的证实或证伪，或者一部分被证实一部分被证伪。这一阶段基本上是常规思维，是有意识地进行的。

（二）职场常用创新思维方法

创新思维是指对事物间的联系进行前所未有的思考，从而创造出新事物的思维方法。一个人只要学会运用创新思维，就可以具有创造力，从而具备成为一名企业家的潜质。

现在的社会是一个不断发展的社会，每天都在不断地创新，不断地进步。我们每个人都知道这个社会需要一些新的东西来推动其发展，同时要想取得成功，也一定要有足够的创新思维。如果一味地模仿前人的脚步，只能落后于人，很难取得突破。所以，我们要在生活中培养良好的创新思维,只有这样,才能引领时代的发展,取得成功。创新思维的方法有以下三种。

1. 突破界限

我们正处在一个高速变化的时代,必须建立新的理念才能应对许多新情况和新问题。思维定式是我们常用的一种固定思维模式,它会让我们的思维受到限制,会阻碍新观念和新想法的产生,抑制人的创造性。

1)摒弃思维定式,寻求创新突破

虽然思维定式适合遇到同类或者相似问题的时候,但是对于创造性的问题来说却是非常不利的,因为它会束缚人们的思维。我们在思考问题时,可以从七个方面来打破常规的思维模式:这个问题是否能用其他的方式来表示;是否能逆向思考该问题;能否替换同类问题;是否能转换自己的思考方向;将思考问题时脑海中出现的想法详尽地记录下来,并认真思考;把复杂的问题转化成简单的问题;把生疏的问题转换为熟悉的问题。

2)打破思维惯性

案例

美国宣传奇才哈利十五六岁时在一家马戏团做童工,负责卖马戏场内的小食品。但每次看的人不多,买东西的人更少,尤其是饮料,很少有人问津。一天,哈利的脑海里产生了一个想法:向每一个买票的人赠送一包花生,借以吸引观众。

但老板不同意这个"荒唐的想法"。哈利用自己微薄的工资进行担保,恳求老板让他试一试,并承诺说,如果赔钱,就从工资里扣,如果赢利,自己只拿一半利润。于是,以后的马戏团演出场地外就多了一个义务宣传员的声音:"来看马戏,买一张票送一包好吃的花生!"

在哈利的叫喊声中,观众比往常多了几倍。观众进场后,哈利就开始叫卖柠檬冰等饮料。而绝大多数观众在吃完花生后觉得口干都会买上一杯,一场马戏下来,营业额比以往增加了十几倍。

按照常理出牌很容易,但是也许会出现致命的错误。跳出惯性思维,我们也许就能收获不一样的奇效。

2. 拓展视角

视角就是思考问题的角度、层面、路线或立场。应该尽量增加头脑中的思维视角,学会从多种角度观察同一个问题。

1）克服权威型思维障碍

权威型思维定式的形成源于多方面：一方面是由于不当的教育方式造成的，把固化的知识、泛化的权威观念采用灌输式的教育方式传授下来，缺少对教育对象的有效启发，使教育对象形成盲目接受知识、盲目崇拜权威的习惯；另一方面在社会中广泛存在个人崇拜现象，一些人采用各种手段建立或强化自己的权威，不断加强权威型思维定式。在科学研究中，要区分权威与权威定式，破除权威型思维定式，坚持"实践是检验真理的唯一标准"。

2）克服习惯性思维障碍

习惯性思维是指对一个问题，只从单一方向、单一角度，僵化地、习惯性地思考。习惯性思维即对上一次的抉择不加分析、不假思索地盲目重复，其特征是对问题的思考总按照第一次的方向和次序进行。人的某种行为方式一旦形成习惯，就难以改变。例如，我们常在一个固定的时间起床、穿衣、刷牙、洗脸；我们常沿着熟悉的路径行走；我们常在几家固定的餐厅用餐，习惯可让我们不必多思考就能过上舒适的生活。然而，习惯未必是一种最佳选择。也许我们可以更合理地安排时间，也许还有一条更便捷的道路，也许有更适合我们的味美价廉的餐厅，但习惯性思维让人们不由自主地重复上一次的抉择。这种习惯性思维人人都有，只是程度不同而已。习惯性思维使人解决问题时基于原来的工作经验，习惯走前人的老路，从而变得思想僵化、方法单一，逐渐失去创新意识。要突破思维定式，要求创新者经常与自己的思维习惯做斗争，不要被习惯所束缚，尤其不要沉迷在已有的成功经验上。要多应用新的思维方法，经常变换角度思考问题。只有这样，才能在创新思维活动中有所突破、有所创新。

3）克服从众型思维障碍

从众型思维是指放弃独立思考、盲目相信大众、一切跟在别人后面，是一种不出头、不冒尖的心理。每个人或多或少都有从众型思维，但过分相信群众、缺乏独立的思考则会导致错误。安徒生用优美的语言讲述了《皇帝的新装》的故事，故事中就体现了从众型思维。大学生应该对一些约定俗成的说法或做法保持应有的判断力，既要相信"群众的眼睛是雪亮的"，又要相信"真理往往掌握在少数人手里"。无论是面对"群众"还是面对"少数人"，都应该独立思考，不盲从、不轻信。任何时候，放弃独立思考，一味跟随大众，就会走弯路。只有端正态度、提高能力、开拓进取、锐意创新的人才能保持头脑清醒，从芸芸众生中脱颖而出并取得骄人的成绩。

4）克服书本型思维障碍

书对于人类文明的传承、知识的传播起着巨大的作用。很多时候，书籍是知识的代名词。不过，书本知识反映的是一般性的东西，表现的是理想化状态，与客观现实之间可能也会存在差异。在处理问题时,如果忽视这种差异,不根据实际情况,不假思索地、盲目地运用书本知识,一切从书本出发,以书本为纲,那么书本知识在为我们带来无穷多好处的同时,也可能会带来不少麻烦。例如:三国时"熟读兵书,谙熟兵法"的马谡在保卫街亭的战斗中,依据兵书上"凭高视下,势如破竹""背水一战,以一当十"的谋略,在山上屯兵,结果痛失街亭,被诸葛亮挥泪斩首;赵国的赵括根据兵书上的"一鼓作气,除恶务尽",出兵追击,结果被乱箭射死。书本知识不能机械式地生搬硬套,否则可能闹出笑话或造成不可挽回的后果。在学习知识的同时,应保持思维活跃,注重学习基本原理而不是死记一些规则。在实践中,用原理指导行动,活学活用,才能充分发挥知识的作用。

5)克服单线型思维障碍

单线型思维主要表现在人的思维活动往往只从一个视角、一个角度去认识对象,遇到问题,习惯去寻找唯一的答案,一旦找到一个合适的答案,便不管其合适程度如何,死死抱住不放,不愿再去寻找其他可能的答案,很少能从不同的角度去把握和认识对象。单线型思维会造成思维狭隘,达不到预定的创造目的,特别是遇到困难时,会显得束手无策或迷惑不解,有时还会把思路引进一条死胡同。实际上,任何一个创造对象本身就是一个综合体,与外界事物是有联系的,并且在不同的条件和因素的影响下,也会出现不同的情况。在创造性思维活动中,应该提倡多方面、多角度、多领域、多学科的立体思维,并采用发散、收敛、侧向、反向等思维方式拓展思路,综合思考,这样才有利于问题的圆满解决或新构想的提出。

3. 思维重构

重构思维,简而言之就是跳出自身思维的局限。常见的思维重构方式有以下八种。

1)发散思维

发散思维又称辐射思维、放射思维、扩散思维,是指大脑在思考时所呈现的一种扩散状态的思维模式,表现为思维呈现出多维发散状。发散思维是从一点出发,向不同的方向辐射,产生大量不同设想的思维方式。可采用"一题多解""一事多写""一物多用"等方式培养发散思维能力。

不少心理学家认为,发散思维是创造性思维的主要特点之一,是测试创造力的主要标志之一。运用发散思维可以产生大量设想,提供更多的选择机会,摆脱习惯性思维束缚,打破思维定式。

(1)发散思维的特点。

①流畅性:流畅性反映的是发散思维的速度和数量特征。

②变通性:变通性需要借助横向类比、跨域转化、触类旁通,使发散思维沿着不同的方向扩散,表现出其多样性和多面性。

③独特性:独特性是发散思维的最高目标。

④多感官性:发散思维与情感有密切的关系。如果能够激发大学生的兴趣,让大学生产生激情,将信息感性化,赋予信息以感情色彩,会提高发散思维的速度与产生好的效果。

(2)发散思维的方法。

①材料发散法:以某个物品的组成材料为发散点,设想它的多种用途。

②功能发散法:从某个事物的功能出发,构想获得该功能的各种可能性。

③结构发散法:以某个事物的结构为发散点,设想利用该结构的各种可能性。

④形态发散法:以某个事物的形态为发散点,设想利用该形态的各种可能性。

⑤组合发散法:以某个事物为发散点,尽可能多地把它与其他事物组合起来,形成新事物。

⑥方法发散法:以某种方法为发散点,设想利用该方法的各种可能性。

⑦因果发散法:以某个事物发展的结果为发散点,推测造成该结果的各种原因,或者由原因推测可能产生的各种结果。

(3)集体发散思维。

发散思维不仅需要利用自己的大脑,有时候还需要利用身边的无限资源,集思广益。

集体发散思维可以采取不同的形式,例如通常采用的"头脑风暴",即每个人都可以说出自己的想法,只要表达出来,就有可能被采纳,最后得出结论。

课堂活动:思考与讨论——在没有灯泡的情况下,我们应该如何照明?

活动内容:怎样才能达到照明的目的?你能想到多少种办法?请你把办法罗列出来,办法越多越好。

2)逆向思维

逆向思维也称求异思维,是对司空见惯的似乎已成定论的事物或观点反向思考的思维方式。敢于"反其道而思之",让思维向对立面的方向发散,从问题的相反面深入地进行探索,树立新思想,创立新形象。

人们习惯于沿着事物发展的正方向去思考问题并寻求解决办法。其实,对于某些问题,尤其是一些特殊问题,从结论往回推,反过来思考,从求解回到已知条件,或许会使问题简单化。逆向思维具有以下特点。

(1)普遍性:由于对立统一的规律是普遍适用的,而对立统一的形式又是多种多样的,有一种对立统一的形式,相应地就有一种逆向思维形式。因此,逆向思维也有无限种形式,如性质上对立的两种事物的转换。不论哪种方式,只要从一个方面想到与之对立的另一个方面,都是逆向思维。

(2)新颖性:任何事物都具有多方面属性,由于受过去经验的影响,人们往往只看到熟悉的一面,而对另一面却视而不见。逆向思维能克服这一障碍,其结果往往是出人意料的,并能给人耳目一新的感觉。

案例:吸水纸是怎样发明的?

20世纪40年代,德国一家造纸厂在生产纸的过程中,忘记了放糨糊,结果生产出来的纸不能用墨水来写字,因为一写字马上就模糊了。这批纸成了不能写字的废纸。老板非常恼火。大家都纷纷表示惋惜。这时有一位员工说:"我们想一想办法,看看能不能'将功补过'呀?"于是,员工们利用写在纸上的墨水很快能被这种纸吸去的特点,创造出了一种新的产品——吸水纸,使废纸巧利用。

3)联想思维

联想思维是指在人脑的记忆表象系统中,由于某种诱因导致不同表象之间发生联系的一种没有固定思维方向的自由思维活动。主要思维形式包括幻想、空想、玄想。其中,幻想,尤其是科学幻想,在人们的创造活动中具有重要的作用。

(1)联想思维的特征。

联想思维的主要特征是由此及彼,连绵不断地进行,可以是直接的,也可以是迂回地形成闪电般的联想链,而链的首尾两端往往风马牛不相及。

联想思维是形象思维的具体化,其基本的思维操作单元是表象,是一幅幅画面。所以联想思维和想象思维一样,都十分生动,有鲜明的形象。思维可以很快把联想到的思维结果呈现在联想者的眼前,而不顾及其细节如何。因此联想是一种整体把握的思维操作活动,可以说有很强的概括性。

(2)联想思维的作用。

①为对象之间建立联系。通过联想,可以较快地在问题对象和某些思维对象间建立联系,这种联系会帮助人们找到解决问题的答案。

②为其他思维方法提供一定的基础。联想思维一般不能直接产生有创新价值的新形象,但它往往能为产生新形象的想象思维提供一定的基础。

③活化创新思维的活动空间。联想,就像风一样,扰动了人脑的活动空间。由于联想思维具有由此及彼、触类旁通的特性,常常把思维引向深处或更加广阔的天地,导致想象思维的形成,甚至有灵感、直觉、顿悟的产生。

④有利于信息的储存和检索。思维的重要功能之一就是把知识信息按一定的规则存储在大脑中,并在需要的时候把其中有用的信息检索出来。

(3)联想思维的类型。

①相似联想,是指由于一个事物的外部构造、形状或某种状态与另一个事物类同而引发的想象延伸和连接。

②相关联想,是指联想物和触发物之间存在一种或多种极为明显的属性的联想。例如,看到鸟想到飞机。

③物之间具有相反性质的联想。例如,看到白色想到黑色。

④结果验证和想象,触发物和联想物之间存在一定的因果关系。例如,看到蚕蛹就想到飞蛾,看到鸡蛋就想到小鸡。

⑤物之间存在大量关系极为密切的联想。例如,看到学生想到教室、实验室及课本等相关事物。

(4)联想思维的方法。

①类比法:直接类比、仿生类比、因果类比、对称类比。

②移植法:原理移植、结构移植、方法移植、材料移植。

相似联想中两事物之间有一定的相似性,或是在结构方面,或是在功能方面,例如,灯和蜡烛,二者都能发光;鸟和飞机,二者都能在天上飞;蜜蜂和蚂蚁,二者都很勤劳,并且成群结队。

案例

加拿大某大学图书馆的一批珍贵图书被水泡湿了,如果采用传统的干燥方法,这批图书就毁了。有一位图书管理员想到在制作罐头时,为排除水果中多余的水分,采用低温存放和真空干燥的方法,于是建议拿一本书试一试。大家按照这个想法,先将湿漉漉的书放进冰箱中冷冻,然后放入真空干燥箱中干燥,果然书中的水分都排尽了。运用这种方法,这批被水泡湿了的珍贵图书都恢复了原貌。干燥图书与干燥水果存在一定的相似性,所以可以用相似的办法来处理,这就是相似联想。

4)组合思维

组合思维又称"连接思维"或"合向思维",是指把多项貌似不相关的事物通过想象加以连接,从而使之变成彼此不可分割的新的整体的一种思考方式。

(1)组合思维的特征。

①创新性。

②时代性。

③继承性。

(2)组合思维的形式。

①同类组合,例如双层文具盒、三面电风扇、双头绣花针等。

②异类组合,例如葫芦飞雷、录音电话、电饭锅、混凝土等。

③重组组合,例如积木、变形金刚、七巧板、直升机等。

④共享组合与代补组合,例如将拨号式电话改为键盘式电话,银行卡代替存折等。

⑤概念组合,例如绿色食品、阳光拆迁、音乐餐厅等。

⑥综合,为了完成重大课题,采用已有的原理、知识、方法、技术不能解决问题时,创造出新的原理、方法、技术,并对其进行重新组织和安排思维的过程。

5)延伸思维

根据现有的环境和现有的需求进行延伸思考,再进行创新。延伸思维具备前瞻性、深入性两大特征。前瞻性指的是眼光放得长远,思想上具有敏锐的洞察力和预见性;深入性是深入研究一些所关注的重点问题,搞清事情的来龙去脉,能对事物的发展了然于胸。

案例：李维斯牛仔裤

1853年,有一个叫李维·斯特劳斯的人,他带了很多帆布跑到美国加州,因为当时的淘金热吸引了很多人来挖"黄金"。他想这些挖"黄金"的人一定需要帐篷,所以就带着很多帆布来到加州。结果发现原来加州很热,也不下雨,根本不需要用帐篷,那怎么办？把帐篷再运回去？他脑筋一转,发现当时这些淘金的人都是跪在地上干活,裤子容易磨破,所以这些人需要一条耐磨的裤子。帆布就很耐磨,所以李维·斯特劳斯就把他的帆布转而做成了裤子,将原来做帐篷的铆钉拿来做扣子。这一转,转出了牛仔裤,也转出了李维斯(Levis)这一世界知名的牛仔品牌。

6）综合思维

综合思维是把某一事物的某些要素分离出来，综合到另一事物或事物的某些要素上的一种创造性、创新性的思维过程。综合思维基于系统、整体及其结构层次，有着更高层次的认识基点。

7）纵向思维

所谓纵向思维，是指在一种结构范围内，按照有序的、可预测的、程式化的方向进行的思维形式，这是一种符合事物发展方向和人类认识习惯的思维方式，遵循由低到高、由浅到深、由始到终等线索，因而清晰明了，合乎逻辑。

8）横向思维

横向思维是一种打破逻辑局限、将思维往更宽广的领域拓展的前进式思考模式。它的特点是不受任何范畴的限制，可以偶然性概念来逃离逻辑思维，从而可以创造出更多匪夷所思的新想法、新观点、新事物的一种创造性思维。

所谓横向，是因为逻辑思维的思考形态是垂直的纵向走向，而横向思维则可以从多点切入，甚至可以从终点返回起点。

任务四　常用创新思维技法与训练

课堂活动：人物介绍——东尼·博赞

东尼·博赞（1942—2019年），思维导图发明者，英国伦敦人，毕业于美国哥伦比亚大学，拥有心理学、语言学和数学多个学位，是著名大脑智能和学习方法研究专家。他出版了80多本书刊，并且是世界记忆锦标赛和世界快速阅读锦标赛的创始人，被全世界的学生称为"世界记忆之父"和"记忆大师"。

大脑左半球擅长语言和计算，习惯于逻辑分析；大脑右半球擅长空间的识别和对音乐、艺术、情绪的感知，偏向于整体直观分析。

全脑思维是从多角度、多视野去生发和联想的思维模式，充分调动左右脑所擅长的要素，以提高学习效率，激发创造力。要进行全脑思维，人脑需要有反映这一自然有机思维的工具——思维导图。

课堂活动：用思维导图绘制自我介绍

活动内容：如果想让别人对你留下深刻而美好的印象，那么思维导图就是非常棒的加分工具。例如，以下思维导图是一个外号叫小鱼的女孩子的自我介绍。文字与思维导图相结合可以更好地去展示自己。

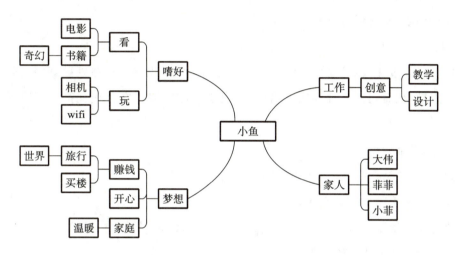

1. 思维导图的优点

思维导图的优点如下。

(1) 梳理凌乱的想法，聚焦主题。

(2) 拓展思路。

(3) 在鼓励的信息之间建立联系。

(4) 画出清晰的全景图。

(5) 便于概念之间的组合和在组合中进行各要素之间的比较。

(6) 有助于维持思维的积极性并不断探索方案。

(7) 把注意力集中在主题上，将短时记忆转化为长时记忆。

(8) 促进思维发散，多角度捕捉新思维。

2. 思维导图的技巧和原则

思维导图作为一种常用的效率工具，可以帮助我们理清或整理思路，能够运用到生活或工作的诸多场景，如读书笔记、知识点归纳、计划安排等，受到不少人的青睐。

1)思维导图的绘制技巧

(1)确定中心词。

思维导图利用上下层级隶属关系进行绘制,以中心词为核心拓展并延伸分支内容,如同文章标题用来概括该篇文章的主要内容。

(2)发散中心词。

确定中心词后,思维导图的内容范围就被划定了,要在此基础上不断解读与归纳与该中心词相关的内容,使内容变得清晰。

(3)完善中心词。

中心词在经过一次发散后获得了多个分支内容,此时需要对这些发散好的内容进行二次或多次发散,从而完善思维导图。当然,所发散的内容需要在合理且符合逻辑的条件下进行。

(4)输出思维导图。

通过思考、总结、调整后,输出思维导图即可。

2)思维导图绘制中的重要准则

思维导图在绘制过程中需要突出重点、发挥联想、清晰明了。在思维导图中,突出重点是改善记忆和提高创造力的重要因素之一。

课堂活动:做一做——想法的视觉表达

活动内容:以"我的家人像什么"为主题进行思维导图的绘制,呈现出一家人的基本信息和性格特质,给人留下深刻印象;绘制完成后,用思维导图向小组成员介绍你的家庭;介绍完毕之后,投票选取谁的家庭成员给大家留下的印象最深刻。

你是否遇到过当我们讨论问题时,只要有一个人提出了一个差不多的想法,大家就会附和说,不错,挺好的。于是,大家就会停下来,觉得已经找到答案,不会再深入讨论了。思考并讨论这个想法真的是最好的、最优的吗?既然有了一个想法,那我们为什么不再继续深入讨论呢?

通过思考,人们总能获得一些新的成果,得出一些新的结论。事实上,创新成果大多源于一些创新的方法,有效的创新方法有助于提升创新能力,获得创新成果。下面将对重要的创新方法进行介绍。

(一)头脑风暴法

头脑风暴法也称智力激励法或自由思考法,通常指一群人开动脑筋,进行自由的创造性的思考与联想,并各抒己见,在短时间内提出解决问题的一种方法。

这种方法可以说是最具实用性的一种集体的创造性的解决问题的方法,参与者可在没有任何约束的情况下发表个人的想法或提出自己的创意,甚至可以提出听起来异想天开的想法。

1. 头脑风暴法的优点

现代发明创新课题涉及的技术领域广泛,因而靠个别发明家单枪匹马式的冥思苦想来求得问题解决的方法收效甚微。相比之下,类似头脑风暴法这种群体式的思维方法则会显得效果更好。

实施头脑风暴法之所以会导致大量新创意的产生,主要有以下原因。

(1)轻松、融洽的氛围:在这种环境中,每个人都能敞开心扉,自由联想,各抒己见,从而促使了创意的产生。

(2)互相激励和启发:一个人的创意可以引起他人的联想,产生连锁反应,形成多种有利于解决问题的创意。

(3)激发热情和开阔思路:会议讨论时,人们的热情被激发,思维被开阔,有助于突破思维定式和旧观念的束缚。

(4)竞争意识:争强好胜的天性会使得参与者积极开动脑筋,发表独到见解和新奇观念。

2. 头脑风暴法的应用原则

1)自由畅想原则

欢迎各抒己见、自由鸣放,创造一种自由、活跃的气氛,使参与者思想放松,激发大家提出各种想法。这是头脑风暴法的关键。

2)延迟评判原则

将各种意见、方案的评判放到最后阶段,此前不能对别人的意见提出批评和评价。认真对待任何一种设想,而不管其是否适当和可行。

3)以量求质原则

为了探求大量的灵感,可以接纳任何一种构想。意见越多,产生好意见的可能性越大,这是获得高质量创造性设想的条件。

4)综合改善原则

探索取长补短和改进办法。除提出自己的意见外,鼓励参与者对他人已经提出的设想进行补充、改进和综合,强调相互启发、相互补充和相互完善。这是头脑风暴法成功的标准。

5) 突出求异原则

头脑风暴法就是鼓励参与者尽可能多地提出设想,设想多多益善。不必顾虑设想是否离经叛道或荒唐可笑,欢迎自由奔放、异想天开的设想,观点越奇越好。这是头脑风暴法的宗旨。

6) 不断重复原则

头脑风暴法可以通过不断重复以上五大原则进行培训,帮助参与者渐渐养成弹性思维,涌现出更多全新的创意。众多创意出来后,管理者再进行综合和筛选,最后形成可供实践的最佳方案。

3. 头脑风暴法的小组成员

奥斯本认为,实施头脑风暴法小型会议的参加人数(包含主持人和记录员在内)以 6~7 人为宜。头脑风暴法小组人数的多少取决于主持人的风格、小组成员个体的情况等因素,小组人数太多或太少的效果都不太理想。人数过多,会使有些人没有畅所欲言的机会;人数过少,会使场面冷清,影响参与者的热情。

在实施过程中,对头脑风暴小组成员和主持人的要求:小组中不宜有过多的专家;小组成员最好具有不同的学科背景;参与者应具备较强的联想思维能力;小组主持人的选择非常重要。

4. 头脑风暴法的实施

头脑风暴法可分为会前准备、自由讨论和创意评价三个阶段。

第一阶段是会前准备。该阶段需确定讨论主题,讨论主题应尽可能具体,最好是实际工作中遇到的亟待解决的问题,目的是进行有效的联想和激发创意;如果可能,应提前对提出初始问题的个人(集体或部门)进行访谈(调研),了解解决该问题的限制条件、制约因素、阻力及最终目标任务分别是什么;确定参加会议的人选,并将这些问题写成分析材料,在召开头脑风暴会议之前的几天内,连同会议程序及注意事项一起发给各参会人员;举行热身会,在正式进行头脑风暴会议前召开一个预备会议。这是因为在大多数情况下,小组成员缺乏参加头脑风暴会议的经验,同时,要他们做到遵守延迟评判原则也比较困难。

第二阶段是自由讨论。该阶段是头脑风暴会议的关键阶段,由主持人引导参会人员围绕会议议题进行发言,提出各种设想,相互启发、相互补充,尽可能地做到知无不言、言无不尽,并将所有的设想都记录下来。

第三阶段是创意评价。在讨论结束后,要对所有提出的构想进行分类组合,形成不同的解决方案,并对每个人提出的构想进行全面的评价,包括但不限于可实施性、限制性等。不断优化方案,最后选择大家认可度最高、最优化的方案。

5. 头脑风暴法的使用技巧

(1)确定讨论的问题非常重要,问题设置不当,头脑风暴会议便难以获得成功。

(2)"停停走走"是头脑风暴法中一个常用的技巧,即3分钟提出设想,然后5分钟进行考虑,接着用3分钟的时间提出设想……这样3分钟与5分钟过程反复交替,形成有行有停的节奏。

(3)"一个接一个"是头脑风暴法中的又一个常用的技巧,参与者根据座位的顺序一个接一个地提出观点,如果轮到的人没有新构想,就跳到下一个人。如此循环,直至会议结束。

(4)参加会议的成员应当定期更换,应在不同部门、不同领域挑选不同的人参加,这样才能防止群体形成固定的思维方式。

(5)参加会议成员的构成应当考虑男女搭配比例,适当的比例会极大地提高产生构想的数目。

(二)六项思考帽法

六项思考帽法是英国学者爱德华·德·博诺(Edward de Bono)博士开发的一种全面思考问题的模型。六项思考帽法提供了"平行思维"的工具,避免将时间浪费在互相争执上。运用六项思考帽法会使混乱的思考变得更清晰,使团体中无意义的争论变成集思广益的创造,使每个人变得富有创造性。

1. 六项思考帽法的两个关键点

(1)分离思维:帮我们把大脑中的千头万绪用六个维度分离开。

(2)平行思考:把思考的内容划分成几条平行线,它们不相交。

2. 各帽子颜色的含义

各帽子颜色的含义如下图所示。

帽子颜色	俗称	功能
蓝帽	指挥帽	管理和协调
白帽	信息帽	事实和数据
红帽	情感帽	情感和直觉
黄帽	乐观帽	希望和优势
黑帽	谨慎帽	困难和缺点
绿帽	创意帽	创新和想法

白帽:代表事实和数据,白色是中立客观的颜色,白帽提供的是客观事实和数据材料。

红帽:代表情感和直觉,红色是炽热而奔放的颜色,红帽提供的是感性的判断和直觉的推论。

蓝帽：代表管理和协调，蓝色是天空的颜色，蓝帽提供的是对流程和进度的掌控。

绿帽：代表创意和想法，绿色是生命之色，绿帽提供的是针对问题的创意提案或建设性意见。

黑帽：代表困难和缺点，黑色是严肃而阴暗的，黑帽提供的是事情的负面困难以及消极方面。

黄帽：代表希望和优势，黄色是阳光的颜色，黄帽提供的是积极的观点以及事情的优势或美好信息。

六个不同的帽子，基本涵盖了我们思考问题时的不同立场和视角，给我们提供了一种系统、全面分析问题的思维模型。每一顶帽子代表一种类型的思维。当你戴上其中一顶时，就只能采用该种思维模式。如果你从一顶帽子转换到另外一顶时，也要相应地从一顶帽子所代表的思维方式转换到另外一顶帽子所代表的思维方式。而且，帽子和颜色的设计让平行思维呈现出最直观的形式。

3. 六顶思考帽法的应用

如何在实际工作和生活中运用这一思维模型呢？

1）单独使用

在对话或讨论过程中，偶尔地使用某顶思考帽来引导思考方向。当单独使用时，思考帽就是特定思考方法的象征；在个人思考、日常沟通、思路梳理方面都有不错的效果；比如发工作汇报邮件，利用这种模型可让领导更好地支持自己的工作等。

2）连续使用

会议中我们可以根据需要连续使用不同的思考帽，但这需要熟练的使用技巧。

课堂活动：六顶思考帽法的运用

活动内容：将六顶思考帽法运用到邮件写作中，邮件的主题是"向领导汇报问题"，思考该如何理清写作思路，每项分别代表什么？

蓝帽，向领导汇报问题；白帽，介绍目前情况、客观事实和数据；黑帽，汇报存在的问题、不足、风险；绿帽，分析问题的原因并提出初步的解决方法；黄帽，游说解决方案的价值及利益；蓝帽，制订行动计划。

4. 六顶思考帽法的理解误区和应用关键点

对六顶思考帽法理解的最大误区就是只把思维分成六种不同的颜色。

对六顶思考帽法的应用关键点在于使用者用何种方式去排列帽子的顺序,也就是组织思考的流程。只有掌握了如何编织思考的流程,才能说是真正掌握了六顶思考帽法的应用方法。

帽子顺序非常重要,比如写文章的时候需要事先规划好文章的结构,这样才不会写得混乱,程序员在编写大段程序之前也需要先设计整个程序的模块流程,思维也是同样的道理。

(三)5W2H法

5W2H法又叫七问分析法,可用于改进工作、改善管理、技术开发、价值分析等方面。5W2H法可以帮助我们发现解决问题的线索,寻找思路,设计构思,从而创造新的项目。

5W2H法是从客体的本质(What)、主体的本质(Who)、物质运动的基本形式即时间和空间(When、Where)、事情发生的原因(Why)与程度(How、How much)这几个角度来提问的,从而形成创新方案的方法。5W2H思考和描述问题的七个维度具体如下。

(1)What——做什么?目的是什么?做什么工作?

(2)Why——为什么?为什么要这么做?理由何在?原因是什么?为何造成这样的结果?

(3)Who——谁?由谁来承担?谁来完成?谁负责?

(4)When——何时?什么时间完成?什么时机最适宜?

(5)Where——何处?在哪里做?从哪里入手?

(6)How——怎么做?如何提高效率?如何实施?方法是什么?

(7)How Much——做多少?做到什么程度?比例如何?质量如何?费用如何?

1. 5W2H法的优点

如果现行的做法或产品经过七个问题的审核已无懈可击,便可认为这一做法或产品可取。如果七个问题中有一个答复不能令人满意,则表示这方面有改进余地。如果哪方面的答复有独创的优点,则可以扩大这方面的效用。新产品已经克服原产品的缺点,扩大原产品独特优点的效用。

2. 5W2H法的应用

5W2H法给我们提供了启发思维、质疑思考、提出疑问、分析问题、完善任务、防止遗漏的简洁方法。在实际应用中,可以根据不同的问题、不同的任务需求来灵活设计提问的方式、内容或顺序。

第一步：对某一种现行事物或产品，从七个角度检查提问。为使内容简洁明晰，可把序号、提问项目、提问内容、原因和创新方案等栏目列成表格，针对七个设问逐一填写。

第二步：对七个方面的提问逐一审核，将发现的疑点、难点一一列出。

第三步：讨论分析，寻找改进措施。这七个设问彼此联系、相辅相成，应根据原因综合考虑，抓住主要矛盾，提出新的创新方案。

3. 5W2H法的应用场景

随着社会的发展，在工作中，5W2H法也使用得越来越频繁，那么哪些地方可以用到5W2H法呢？

1) 安排工作任务

5W2H法可用于上级给下级安排工作或布置任务时，检查工作的安排是否全面、细致。相应地，下级在接到工作任务时，也可以按照5W2H法的问题维度与上级进行确认，以确保信息传递完整，能够按照要求完成工作任务，少走弯路，如下图所示。

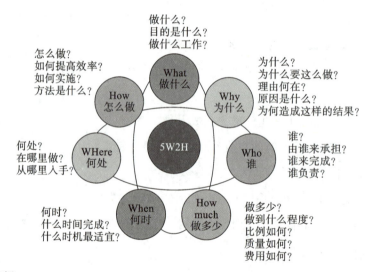

2) 工作汇报

5W2H法也可用于工作汇报。个人、部门向上级汇报阶段性工作、年度总结时，可按照5W2H的思路进行梳理，如下图所示。

W/H	问题
Why	
What	
Who	
Where	
When	
How	
How much	

3)用户购买行为分析

用户购买行为可以按照以下图中的问题进行分析。

W/H	问题
Who	谁是我们的用户？用户有何特点？
Why	用户购买的目的是什么？产品在哪些方面吸引用户？
What	公司提供了什么产品或服务？与用户需要是否一致？
When	何时购买？多久再次购买？
Where	用户在哪里购买？用户在各个地区的构成是怎样的？
How	用户通过什么方式（渠道）购买？用什么方式支付？
How much	用户购买花费的时间、交通等成本是多少？

4)产品开发与创新

企业在进行产品开发或产品中增加新功能时，也可按照5W2H法进行分析。针对要开发的新产品或新功能，按七个方面考虑产品的设计思路，每个方面的构思都将成为新产品或新功能开发方案中的重要内容。

如某产品设计更新时，可按照下图考虑。

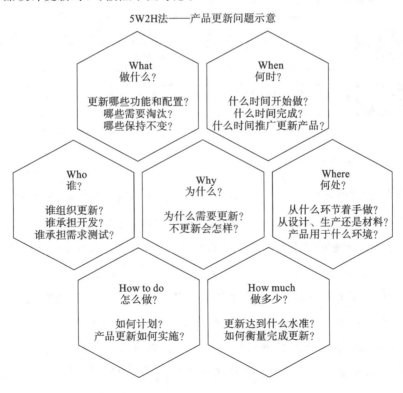

5W2H法——产品更新问题示意

5）软件功能开发

某软件设计公司需要在客户原有的系统上增加功能,以满足客户应对项目不断增加的精细化管理要求。用5W2H法进行详细的分析,以更好地统筹工作安排和系统功能开发。

STEP 1：Why 统一工作目的	为什么要做?对于设计软件公司来说,是提高二次签约率和增加收入,还是为了增加客户黏性去做。如果软件设计公司不做,有没有替代方案解决客户提出的功能开发需求?是不是需要推荐其他公司做?在确定本次功能开发做或不做之前,需要软件公司和客户双方都能明确本次工作的目的。
STEP 2：What 定开发的工作内容	对于软件设计公司,本次功能开发的工作是什么?是对其他产品的某项功能做迭代、二次开发还是要做全新的开发?客户的工作是什么?是在客户已有精细化管理的具体目标和思路上提出明确的具体的功能需求;还是需要软件设计公司来引导客户识别并聚焦在重点功能需求上,摒弃一些不重要的、也不紧急的、零散的功能诉求。
STEP 3：Who 定项目相关方	针对本项目,软件设计公司是外包还是由内部开发?项目组成员应如何分工?由谁来对接客户?由谁对项目质量负责?
STEP 4：When 定开发的计划和进度	确定功能开发的计划等相关问题,比如:客户要求什么时间上线系统功能?软件设计公司在什么时间能完成编码、测试和正式上线?客户现在上线该功能是否为最佳时间?
STEP 5：Where 定工作场域	系统功能开发项目组是否需要到客户单位驻场?系统测试是否需要在客户的系统环境下测试?项目沟通的地点在何处?
STEP 6：How to do 定实施方案	双方项目组及相关人员需要进一步明确功能开发的具体实施方案。比如,选择什么样的系统开发环境?需要什么配置?当出现进度延误时,如何提高效率追赶进度?项目实施的具体工作步骤如何安排?工作质量如何保证?
STEP 7：How much 定成本和收益	软件设计公司针对项目的交付及产出需要有所预期,如成本费用有多少?投入多少人?项目合同额是多少?

(四)金鱼法

金鱼法源自俄罗斯作家普希金的童话故事。金鱼法是指从幻想式的解决构想中区分出现实和幻想的部分,然后再从解决构想中的幻想部分分出现实与幻想两部分。这样的划分反复进行,直到确定问题的解决构想能够实现为止。采用金鱼法,有助于将幻想式的解决构想转变成切实可行的构想。

金鱼法的基础是将一个异想天开的想法分为两个部分:现实部分及非现实(幻想)部分。然后把非现实部分再分为两部分:现实部分及非现实部分,继续划分,直到余下的非现实部分变得微不足道,而想法看起来愈加可行为止。金鱼法的核心为大胆假设、科学求证,这恰恰是进行科研工作的必要环节,因此,金鱼法在研究发明中的使用是相对频繁的。金鱼法的步骤如下。

第一步:将不现实的想法分为两个部分:现实部分与非现实部分。精确界定什么样的想法是现实的,什么样的想法看起来是不现实的。

第二步:解释为什么非现实部分是不可行的。尽力对此进行准确的解释,否则得到一个不可行的想法。

第三步:找出在哪些条件下想法的非现实部分可变为现实部分。

第四步:检查系统、超系统或子系统中的资源能否提供此类条件。

第五步:如果能,则可定义相关想法,即应怎样对情境加以改变,才能实现想法的看似不可行的部分。将这一新想法与初始想法的可行部分组合为可行的解决构想方案。

第六步:如果无法通过可行途径来利用现有资源,为看起来不现实的部分提供实现条件,则可将这一"看起来不现实的部分"再次分解为现实与非现实部分。然后,重复第一步到第五步,直到得出可行的解决构想方案。金鱼法是一个反复迭代的分解过程。

案例:如何用"金鱼法"摆出一个"田"字?

小时候,我们经常会玩摆火柴的游戏,用几根火柴就能摆出各种各样的图案,在锻炼智力的同时,也给我们带来了无限乐趣。下面我们来重温一下这个游戏,如何用4根火柴摆出一个"田"字。如果用惯性思维去完成这件事情是非常困难的。在惯性思维的影响下,我们认为想要摆出一个"田"字,至少需要6根火柴。现在只有4根火柴,怎样组合才能做到呢?有的人可能会想到将火柴折断的方式来进行组合,如果将火柴折断的话,能够组成任何一个字,这样就违反了游戏本身的规则。这时,我们可以采用"金鱼法"来解决这个问题。

首先将问题分解为现实部分和不现实部分。

现实部分:4根火柴组成一个"田"字的想法。

幻想部分:4根火柴在不损折的情况下组成一个"田"字。

幻想部分为什么不现实?

因为思维定式的影响,4根火柴只是4条线段,而组成一个"田"字至少需要6条线段,并且火柴不能折断。

在什么情况下,幻想部分可变为现实?

借助它物,火柴自身含有组成"田"字的资源。

确定系统、超系统和子系统的可用资源。

超系统包含火柴盒、桌面、空气、重力、灯光等;系统包含4根火柴;子系统包含火柴的横断面和纵断面。

利用已有的资源,基于之前的构思(第三步)考虑可能的方案如下。

4根火柴借助火柴盒或者桌角的2条边就能摆成一个"田"字;4根火柴借助2条直光线也可以组成一个"田"字;火柴的横断面是一个矩形,而4个矩形就能组成一个"田"字。

课中实训

实训一　突破思维定式

(一)思维定式分析

根据思维定式的界定,以学生小组的形式尝试分析并归类整理生活中、学习中存在的事例,并填写下表。

研究目标	研究成果	
事例1	名称	所属类型
	主要表现	
事例2	名称	所属类型
	主要表现	
事例3	名称	所属类型
	主要表现	

续表

研究目标	研究成果	
事例4	名称	所属类型
	主要表现	
总结及反思		

(二)思维突破挑战

根据上表分析的事例,学生以小组形式商讨突破其中一类思维定式,将要点记录在下表中并进行分享。

研究目标	研究结果
思维定式类别	
突破方式	
实施步骤	
执行结果	
总结	

实训二 创新思维技法训练

(一) 创新思维技法梳理

根据所学内容,学生以小组的形式梳理出各种研究对象的核心要点及适用场景(案例),请填写下表。

研究对象	研究结果	
头脑风暴法	核心步骤	注意事项
	运用场景	
六顶思考帽法	核心步骤	注意事项
	运用场景	
5W2H法	核心步骤	注意事项
	运用场景	
金鱼法	核心步骤	注意事项
	运用场景	
总结		

(二)运用创新思维解决问题

学生运用发散思维讨论现有笔记本电脑在使用过程中存在的问题,思考解决方案,将要点记录在下表中。

研究目标	研究结果
现有笔记本电脑存在的主要问题	
解决方案	
总结	

学生围绕"旅游",通过头脑风暴法展开分析,将要点记录在下表中。

研究目标	研究结果	
头脑风暴法	研究关键词:旅游	拓展关键词:
	建立联系:	
	总结:	

复盘反思

1. 知识梳理:生活中的思维定式有哪些?如何克服?

2. 知识梳理:企业家精神包含了哪些方面?如何培育自身的企业家精神?

3.方法反思:在完成本项目学习和实训的过程中,你学会了哪些分析和解决问题的方式?

4.践行反思:在完成本项目学习和实训的过程中,你认为自己还有哪些地方需要改进和提升的?

课后提升

【案例一】狗鱼思维——拒绝变化

有一种鱼叫狗鱼,攻击性很强,喜欢攻击其他小鱼。科学家就做了这样一个实验:把狗鱼和小鱼放在一个玻璃缸里,用透明玻璃隔开。狗鱼一开始疯狂攻击小鱼,但是每次都撞在玻璃上。慢慢地,狗鱼放弃了攻击。后来,科学家拿走了中间的玻璃,这时狗鱼仍然没有攻击小鱼,这个现象被称为狗鱼综合征。

狗鱼综合征的特点是:对差别视而不见,自以为无所不知,滥用经验,墨守成规,拒绝考虑其他的可能性,缺乏在压力下采取行动的能力。

思维定式一旦形成,有时也是很悲哀的,这也是我们要不断学习新知识的原因,以打破固有思维。

【案例二】有笼必有鸟——心理图示

据说有个人送了他的好朋友一只鸟笼,并打赌说他一定会买一只鸟。好朋友不信,但是每当他人来拜访他时,都会指着他的鸟笼问:你的鸟哪儿去了?好朋友立马回答从未养过鸟。他又会追问,那你放一只鸟笼干什么?

这个人没法解释了。

后来,只要有人来拜访他都会问他同样的问题,他因此很烦躁,为了不让别人问他,他直接买了一只鸟放在笼子里。

心理学家说,去买一只鸟比解释为什么他有一只鸟笼要简便得多。人们首先是在自己的头脑中存在鸟笼,最后不得不在鸟笼中放些东西。

项目三　创业机会与风险识别

学习目标

1. 通过学习，熟悉创业机会的来源和捕捉方式；
2. 通过学习，了解创业风险的危害性，掌握规避创业风险的方式；
3. 理解创业失败的原因，掌握复盘和翻盘的要点。

思维导图

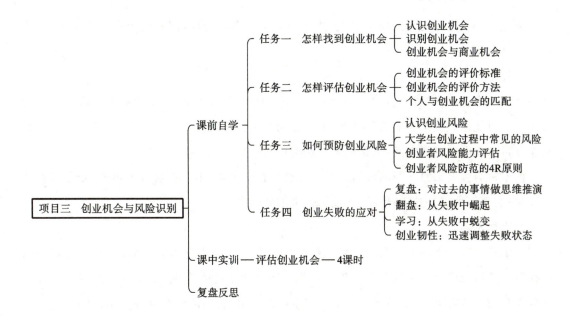

课前自学

任务一　怎样找到创业机会

著名哲学家弗朗西斯·培根曾说："智者创造的机会比他得到的机会更多。"在创业过程中，发现机会、创造机会和抓住机会都是同等重要的。

(一)认识创业机会

创业机会，是指创业者可以利用的商业机会。创业者可以根据创业机会为客户提供有价值的产品或服务，并同时让自身获益。

1. 创业机会的基本类型

创业机会产生于特定的环境中，它往往来源于环境的变动，创业机会有三大类型，下面进行详细介绍。

1)技术机会

技术机会是技术进步的机会，是企业（或更广泛地说是社会）提供的新技术成功地应用于生产的可能性。技术一般被称之为"创造性的毁灭力量"，由此可见，技术的革新和变化会给企业带来无限的创新空间，也是创业者捕捉机会的好方式。

技术机会主要来源于新的科技突破和社会科技的进步，主要包含三种形式：新技术替代旧技术；实现新功能、创造新产品；新技术带来的新问题。

2)市场机会

市场机会就是市场上存在的未满足的需求。有时人们称它为潜在的市场，即客观上已经存在或即将形成而尚未被人们认识的市场。市场机会主要有四类：市场上出现了与经济现阶段有关的新需求，需要满足新需求而产生的商业机会；当前市场存在供给缺陷而产生的商业机会；先进国家（或地区）产业转移带来的市场机会；中外差距中寻找隐含的某种商机。

3)政策机会

随着经济发展、科技变革等，政府必然要进行一些改革，不断地调整政策，以适应新的经济发展要求。我国的改革开放政策就催生出了一批又一批的优秀企业家。政策上对经济的管制放松往往会带给企业更大的市场空间,比如,美国对航空业管制的取消带给西南航空公司极大的成长机会。政策机会主要包括三类:法律、法规开禁带来的创业机会;地区政策上的差异带来的创业机会;新政策的实施所带来的创业机会。

2. 创业机会的主要来源

1)来自问题

创业的根本目的是满足顾客的需求,而顾客的需求在没有被满足前就是问题。

2)来自不断变化的环境

变化是创业机会的重要来源,人们通过变化来发现新的商机,因为环境变化了,市场需求、市场结构必然要发生变化。

3)来自发明创造

发明创造提供了新产品、新服务,更好地满足了顾客的需求,同时也带来了创业机会。在人类发展的历史上,每一次重大的发明创造都引起了产业结构的重大变革,带来了增值服务,产生了无数的创业机会。例如,随着计算机的发明,计算机维修、软件开发、图文设计、信息服务、开网店等创业机会随之而来。

4)来自竞争

如果能够弥补竞争对手的不足和缺陷,也将成为创业机会。

5)来自新知识、新技术

新知识可以改变人们的消费观念,新技术可以进一步满足人们的需求,引导消费。比如健康知识的普及,围绕"养生"就带来了许多创业机会。

(二)识别创业机会

识别创业机会的方法有很多,通常有以下几种。

1. 市场调研

创业者应该开展调查,获得资料、信息。比如,通过与顾客、代理商、源头企业等直接交流,获得一手资料或信息,了解当下的状况和预判未来的趋势;通过数据库、书籍、媒体等渠道,搜寻想要的资料,整理并分析,提取有用信息。

通过一手或者二手信息的整理,在我们有特定想法的时候,可以通过精确的调查资料来发现创业机会。

2. 系统分析

如今绝大多数的创业机会都需要通过系统的分析才能够得以发现。我们可以借助市场调研的方式,从企业的宏观环境(社会、政治、法律、技术、人口等)与微观环境(细分市场、顾客、竞争对手等)的变化中寻找新的顾客需求、新的商机。

3. 问题导向

找出个人或者组织面对某个问题或者明确的需求,是最快速、最精确、最有效的创业机会识别的方式。因为创业就是为了解决顾客面临的新问题、新需求。

4. 发明创造

这种方式常见于新技术行业。比如,为了满足市场需求,探索出新的技术和新的知识,在原有的情况下进行的补充;也可能是新的技术或者发明创造出新的商业价值。

(三)创业机会与商业机会

创业机会是具有商业价值的创业,是一种特殊的商业机会;商业机会是创业行为的起点,也称市场机会,是指有吸引力、能实现某种商业盈利目的、有适时的商务活动的空间。

在一个完全自由的市场体系中,创业机会的出现往往是因为创业者准备进入的行业和市场上存在缝隙,这是由商业环境变化、市场机制不协调、技术落后或领先、信息不对称以及市场中存在的其他因素而影响的结果。

商业机会往往是由未能满足顾客的消费需求而引发的,这种未能满足的需求导致了可以给顾客提供更多价值的产品和服务的机会。但是,并非一个好的想法就等同于一个好的商业机会,例如,这是一个由新的技术研发出来的新产品,但是市场上不一定需要它。将一个好想法或者创意转化成商业机会,主要标准是有市场需求且获利,并产生商业价值。

任务二 怎样评估创业机会

俗话说,好的开始是成功的一半,创业项目的选择对创业的成功起着至关重要的作用。前文介绍了如何识别创业机会,但并不是所有的商机都能转变为创业机会,所以,当创业者识别一个创业机会后,还应对创业机会进行科学的分析与评价。

(一)创业机会的评价标准

创业机会的评价其实就是创业者通过一些评价指标对创意的可行性进行公正、严谨的审查。下面对几个敏感的重要指标进行分析。

1. 盈利时间

盈利时间是指一个创业项目实施后,在哪个时间段开始可以获得相应的利润,也就是我们的回收成本。有价值的创业机会可能让项目在两年内达到盈亏平衡或者取得正向现金流。一般情况下,刚开始创业的大学生较难承受长期亏本的压力,其他合作伙伴也没有太长久的耐心,所以对于初创企业来说,要求创业机会的盈利时间短,尽早取得回报。

2. 市场

只有经过市场的筛选、考验之后,才能称为一个好的创业机会。

1)市场定位

一个好的创业机会,必然有其特定的市场定位,专注于满足顾客的需求,同时能为顾客带来增值的效果。因此,在评估创业机会的时候,可由市场定位是否明确、顾客需求分析是否清晰、顾客接触通道是否流畅、产品是否持续衍生等,来判断可能创造的市场价值。

2)市场结构

创业机会的市场结构包括6项,即进入障碍、供货商、顾客、经销商的谈判力量、替代性竞争产品的威胁,以及市场内部竞争的激烈程度。

3)市场规模

市场规模大小与成长速度也是影响新企业成败的重要因素。一般而言,市场规模大的创新企业,进入障碍相对较小,市场竞争激烈程度也会略为下降。

4)市场渗透力

对于一个具有巨大市场潜力的创业机会,市场渗透力(市场机会实现的过程)评估将会是一个非常重要的影响因素。

5)市场占有率

从创业机会预期可取得的市场占有率目标可以看出新创企业未来的市场竞争力。一般而言,要成为市场的领导者,至少需要拥有20%以上的市场占有率。如果低于5%的市场占有率,虽然这个新创企业的市场竞争力不高,但也会影响未来企业上市的价值。

6)产品的成本结构

产品的成本结构,也可以反应新创企业的前景是否好。

3. 成本

在同行业竞争中,较低的成本无疑会增加竞争的优势,并使创业机会带来的价值增大。创业者对成本结构进行分析,如果发现该创业项目可以扩大产量、引进技术、改进工艺或者通过优化管理来达到降低成本的目的,那么这个创业机会是可以考虑的。

4. 投资收益

盈利能力是指企业获取利润的能力,也称为企业的资金或资本的增值能力,通常表现为一定时期内企业收益数额的多少及其水平的高低。盈利能力越强,创业机会越受青睐,比如拥有较高的毛利率和市场增长率。

投资收益率反映投资的收益能力,指标的经济意义明确、直观,计算简便,在一定程度上反映了投资效果的优劣,可适用于各种投资规模。

公式如下。

息税前利润＝边际贡献－固定成本＝销售收入－变动成本－固定成本

息税前利润＝净利润＋利息费用＋所得税

投资利润率＝年息税前利润或年均息税前利润／项目总投资×100%(息税前利润＝销售收入－变动成本－固定成本＝净利润/(1－所得税税率)＋利息费用＝净利润＋所得税费用＋利息费用＝利润总额＋利息费用)

5. 资金

资金需求量,在创业机会评估中也是一个比较核心的问题。一般来说,资金需求量过多的创业机会缺乏吸引力;反之,资金需求量较少或者中等的创业机会比较有价值。创业者可以根据现有的资金和可动用的资金来评估创业机会,超出经济能力范围的创业机会不予考虑。

6. 退出机制

退出机制是指风险投资者获利后,撤出投资的方式。为了让创业者和投资者可以更大限度地实现收益、获取利润,有吸引力的创业机会应该是有比较理想的退出机制,常见的方式有公开上市、兼并和回购、管理层收购等。

7. 有效控制

如果创业者对成本、价格或者渠道等有较强的控制能力,那么创业机会的价值就相对较高。如果市场上已经出现竞争对手掌握了原材料来源、垄断了销售渠道、占有了较大的市场份额、有较大的定价权,那么创业者对这些要素的控制度就比较低,创业项目的开展难度也比较大,企业整体的发展空间就会偏小。当然,如果有较大的市场需求或者市场需求持续增长,竞争对手创新能力较弱或者损害消费者利益,那么创业者必须抓住该创业机会。

(二)创业机会的评价方法

创业者掌握创业机会的标准之后,还需要采用科学的方法对创业机会进行评价。

1. 创业机会的特征

好的创业机会,一般具有以下特征。

(1)创业机会的原始规模较大。

(2)创业机会存在的时间跨度较长。

(3)创业机会的市场规模随着时间的增长,规模的速度增长较快。

(4)创业机会的市场需求还可以进行挖掘,企业额外利润较高。

(5)创业机会的风险明朗,风险的具体来源和结构清晰。

(6)创业者可以不断调整创业的路径。

(7)好的创业机会具备可实现性。

2. 常见的创业机会评价方法

1)Timmons 的创业机会评价体系

Timmons 总结了一个评价创业机会的体系,其中涉及 8 个方面、53 项指标,以便创业者梳理创业机会并进行基础评估,具体如下表所示。

行业和市场	(1)市场容易识别,可以带来持续收入
	(2)顾客可以接受产品或服务,并愿意为此付费
	(3)产品的附加值高
	(4)产品对市场的影响力大
	(5)将要开发的产品生命周期长
	(6)项目所在的行业是新兴行业,竞争不完善
	(7)市场规模大,销售额达到 1000 万元~10 亿元
	(8)市场成长率为 30%~50% 甚至更高
	(9)现有厂商的生产能力几乎饱和
	(10)在五年内能占据市场的领导地位达到 20% 以上
	(11)拥有低成本的供货商,具有成本优势
经济因素	(1)达到盈亏平衡点所需的时间为 1.5~2 年
	(2)盈亏平衡点不会逐渐提高
	(3)投资回报率在 25% 以上
	(4)项目对资金的要求不是很大,能够获得融资
	(5)销售额的年增长率达到 15% 以上
	(6)有良好的现金流,能占到销售额的 20%~30%
	(7)能获得持久的毛利,毛利率要达到 40% 以上
	(8)能获得持久的税后利润,税后利润率要超过 10%
	(9)资产集中程度低
	(10)运营资金不多,需求量逐渐增加
	(11)研究开发工作对资金的要求不高

续表

收获条件	(1)项目带来的附加价值具有较高的战略意义
	(2)存在现有的或可预料的退出方式
	(3)资本市场环境有利,可以实现资本的流动
竞争优势	(1)固定成本和可变成本低
	(2)对成本、价格和销售的控制较高
	(3)已经获得或可以获得对专利所有权的保护
	(4)竞争对手尚未觉醒,竞争较弱
	(5)拥有专利或具有某种独占性
	(6)拥有发展良好的网络关系,容易获得认可
	(7)拥有杰出的关键人员和管理团队
管理团队	(1)创业者团队是一个优秀管理者的组合
	(2)技术经验达到了本行业的最高水平
	(3)管理团队的正直廉洁程度能达到最高水准
	(4)管理团队知道自己缺乏哪方面的知识
致命缺陷	不存在任何致命缺陷
创业者的 个人标准	(1)个人目标与创业活动相符
	(2)创业者可以做到在有限的风险下实现成功
	(3)创业者能接受薪水下降等损失
	(4)创业者渴望进行创业这种生活方式,而不只是为了赚钱
	(5)创业者可以承受适当的风险
	(6)创业者在压力下状态依然良好
理想与现实的 战略性差异	(1)理想与现实情况相吻合
	(2)管理团队已经是最好的
	(3)在客户服务方面有很好的理念
	(4)所创办的事业顺应时代潮流
	(5)所采取的技术具有突破性,不存在许多替代品或竞争对手
	(6)具备灵活的适应能力,能快速地进行取舍
	(7)始终在寻找新的机会
	(8)定价与市场领先者几乎持平
	(9)能够获得销售渠道,或已经拥有现成的网络
	(10)能够允许失败

Timmons创业机会评价体系只是一套评价标准,在进行创业机会实践时,还需要依靠科学的步骤和专业的评价方法。

2)刘常勇的创业机会评价体系

中国台湾中山大学企业管理系教授刘常勇提出了更简单的评价方法,具体如下。

市场评价	(1)是否具有市场定位、专注于顾客需求、能为顾客带来新的价值
	(2)依据波特的五力模型进行创业机会的市场结构评价
	(3)分析创业机会所面临的市场规模大小
	(4)评价创业机会的市场渗透力
	(5)预测可能取得的市场占有率
	(6)分析产品成本结构
回报评价	(1)税后利润至少高于5%
	(2)达到盈亏平衡的时间应该低于2年
	(3)投资回报率应高于25%
	(4)资本需求量较低
	(5)毛利率应该高于40%
	(6)能否创造新企业在市场上的战略价值
	(7)资本市场的活跃程度
	(8)退出和收获回报的难易程度

(三)个人与创业机会的匹配

创业不是一蹴而就的事情,而是一个漫长而艰难的过程,个人选择创业时应考虑如下因素。

1. 个人因素

我们找寻创业机会时,需要分析自身的优势,从而找到适合自己的项目。市场犹如汪洋大海,可供选择的项目如此庞大,而创业者犹如沧海一粟,最终只能选项其中一项。创业者应根据自身的优势,选择与自己的专业、兴趣、特长相匹配的项目。兴趣是创业的动力,是推动创业者前行的最好催化剂。

2. 社会因素

实践证明,把握发展趋势,抓住机遇风口,才更有利于创新项目的成功。每个时代有每个时代创业的趋势,年轻人有着活跃的思维,加上敢闯敢拼的精神。比如,现在是移动互联网和物联网的时代,在智能手机普及的当下,消费者的很多事情都可以通过手机完成,容易在新兴的互联网领域里闯出一片天地。

事物处在发展初期,意味着先机仍在又没有被人重视,竞争较弱,此时进入较容易成功。

进入时机的把控成为项目能否做起来的重要因素,因此,创业者选择创业项目时可考虑一些刚刚兴起的产业。

3. 经济因素

选择轻资产项目,从而降低风险。年轻的创业者大多都是资本较少、风险承受能力较差,因此重资产方向创业并不适合年轻人。年轻人的优势在于思维、创新和灵活性,并非资本,所以应该避重就轻,发挥年轻人的优势,选择轻资产,注重创新和科技的新领域。

任务三 如何预防创业风险

创业风险是来自与创业活动有关的不确定性因素。在创业过程中,创业者要投入大量的人力、物力和财力,要引入各种新的生产要素与市场资源,要对现有的组织结构、管理体制、业务流程、工作方法进行变革。这一过程中,必然会遇到各种意想不到的情况和各种困难,从而有可能使结果偏离创业的预期。

(一)认识创业风险

1. 创业风险的来源

创业环境的不确定性,创业机会与创业企业的复杂性,创业者、创业团队与投资者的能力的有限性,是创业风险的根本来源。研究表明,由于创业的过程往往是将某一构想或技术转化为具体的产品或服务的过程,在这一过程中,存在着几个基本的、相互联系的缺口,这些缺口是上述不确定性、复杂性和有限性的主要来源,也就是说,创业风险在给定的宏观条件下,往往直接来源于这些缺口。

1)融资缺口

融资缺口存在于学术支持和商业支持之间,是研究基金和投资基金之间存在的断层。其中,研究基金通常来自个人、政府机构或公司研究机构,既支持概念的创建,还支持概念可行性的最初证实;投资基金则将概念转化为有市场的产品原型(这种产品原型有令人满意的性能,对其生产成本有足够的了解并且能够识别其是否有足够的市场)。创业者可以证明其构想的可行性,但往往没有足够的资金将其实现商品化,从而给创业带来一定的风险。通常,只有极少数基金愿意帮助创业者跨越这个缺口,如比较富有的个人专门进行早期项目的风险投资,以及政府资助计划等。

2)科研缺口

科研缺口主要存在于仅凭个人兴趣所做的研究判断和基于市场潜力的商业判断之间。当创业者最初证明的特定的科学突破或技术突破可能成为商业产品基础时,他仅仅停留在自己满意的论证程度上。然而,这种程度的论证后来在将预想的产品真正转化为商业化产品(大量生产的产品)的过程中,即具备有效的性能、低廉的成本和高质量的产品,要从市场竞争中生存下来,需要大量复杂且可能耗资巨大的研究工作(有时需要几年时间),从而形成创业风险。

3)信息和信任缺口

信息和信任缺口存在于技术专家和管理者(投资者)之间。也就是说,创业时,存在两种不同类型的人:一是技术专家;二是管理者(投资者)。这两种人接受不同的教育,对创业有不同的预期、信息来源和表达方式。技术专家知道哪些内容在科学上是有趣的,哪些内容在技术层上是可行的,哪些内容是根本无法实现的。在失败的案例中,技术专家要承担的风险一般是学术上、声誉上受到影响,并且没有金钱上的回报。管理者(投资者)通常比较了解将新产品引进市场的程序,但当涉及具体项目的技术部分时,他们不得不相信技术专家,可以说管理者(投资者)是在拿别人的钱冒险。如果技术专家和管理者(投资者)不能充分信任对方,或者不能够进行有效的交流,那么这一缺口将会变得更大,也会带来更大的风险。

4)资源缺口

资源与创业者之间的关系就如同颜料和画笔与艺术家之间的关系。没有了颜料和画笔,艺术家即使有构思也无从实现。创业也是如此。没有所需的资源,创业者将一筹莫展,创业也就无从谈起。在大多数情况下,创业者不一定也不可能拥有所需的全部资源,这就形成了资源缺口。如果创业者没有能力弥补相应的资源缺口,要么创业无法起步,要么在创业中受制于人。

5)管理缺口

管理缺口是指创业者并不一定是出色的企业家,不一定具备出色的管理才能。进行创业活动主要有两种:一是创业者利用某一新技术进行创业,他可能是技术方面的专业人才,但不一定具备专业的管理才能,从而形成管理缺口;二是创业者往往有某种"奇思妙想",可能是新的商业点子,但在战略规划上不具备出色的才能,或不擅长管理具体的事务,从而形成管理缺口。

2. 创业风险的特征

创业风险的种类较多,它贯穿于创业的整个过程,这些风险一般具备以下共同特征。

1) 客观性

创业本身就是一个识别风险和应对风险的过程,风险的出现是不以人的意志为转移的,所以创业风险是客观存在的。

2) 不确定性

由于创业的影响因素具有不确定性,这些因素是不断变化、发展的,甚至是难以预料的,因此造成了创业风险的不确定性。

3) 双重性

创业成功和失败的可能性各占一半,创业风险具有盈利和亏损的双重性质。

4) 可变性

随着创业因素的变化,创业风险的大小、性质、程度也会随之发生变化。

5) 可识别性

根据创业风险的特征和性质,创业风险是可以被识别和划分的。

6) 相关性

创业风险与创业者的行为是紧密相关的。同一风险采取不一样的策略,出现的结果是不一样的。

(二)大学生创业过程中常见的风险

大学生创业过程中面临的风险主要有自身因素以及受社会环境方面的影响,具体如下。

1. 创业心态

大学生在创业的过程中,心态不够成熟、稳重,难以承受挫折,这都是较为常见的创业风险,具体表现为眼高手低、纸上谈兵等。由于大学生长期待在校园里,对社会缺乏了解,创业经验几乎没有,其创业的想法往往是"一时兴起",这将会导致他们在思考创业问题时不够深入,对创业过于自信,对创业中遇到的困难估计不足,认为自己学历高、成绩好、自主性强、动手能力强,创业就一定能成功。还有一部分大学生将创业问题、创业困难预设过高,觉得自己做不了,然后就放弃创业机会。

此外,还有一些大学生承受挫折的能力(心理承受能力和自我调节能力)较差,在创业受挫后容易产生强烈的挫败感,不能看到自己的创业优势,信心不足,导致错失创业机会。

2. 项目风险

大学生创业时如果缺乏前期的市场调研和论证,只是凭自己的兴趣和想象来决定投资方向,甚至仅凭一时心血来潮做决定,那么估计会碰得头破血流。盲目选择项目,缺乏针对性,会导致企业无法盈利且难以生存。

大学生一定要在前期做好市场调研,在了解市场的基础上再创业。一般来说,大学生创业时的资金实力较弱,因此最好选择启动资金不多、人手配备要求不高的项目,从小本经营做起比较适宜。

3. 资金风险

资金风险在创业初期会一直伴随在创业者的左右。是否有足够的资金创办企业是创业者遇到的第一个问题。企业创办起来后,就必须考虑是否有足够的资金支持企业的日常运作。对于初创企业来说,如果连续几个月入不敷出或者因为其他原因导致企业的现金流中断,都会给企业带来极大的威胁。相当多的企业会在创办初期因资金紧缺而严重影响业务的拓展,甚至错失商机而不得不关门。

4. 管理风险

创业失败者,一般都是管理方面出了问题,主要包括决策随意、信息不通、理念不清、患得患失、用人不当、忽视创新、急功近利、盲目跟风、意志薄弱等。特别是大学生知识单一、经验不足、资金实力和心理素质明显不足,更会增加在管理上的风险。

5. 技能风险

很多大学生创业者眼高手低,当创业计划转变为实际操作时,才发现自己根本不具备解决问题的能力,这样的创业无异于纸上谈兵。一方面,建议大学生先去企业打工或实习,积累相关的管理和营销经验;另一方面,积极参加创业培训,积累创业知识,接受专业指导,提高创业成功率。

6. 社会资源贫乏

企业创建、市场开拓、产品推荐等工作都需要调动社会资源,大学生在这方面会感到非常吃力。平时应多参加各种社会实践活动,扩大自己人际交往的范围。创业前,可以先到相关行业领域工作一段时间,通过这个平台,为自己日后的创业积累人脉。

7. 竞争风险

寻找蓝海是创业的良好开端,但并非所有的新创企业都能找到蓝海。更何况,蓝海也只是暂时的,所以,竞争是必然的。如何面对竞争是每个企业都要随时考虑的事,而对新创企业更是如此。如果创业者选择的行业是一个竞争非常激烈的领域,那么在创业之初极有可能受到同行的排挤。一些大企业为了吞并或挤垮小企业,常会采用低价销售的手段。对于大企业来说,由于规模效益或实力雄厚,短时间的降价并不会对它造成致命的伤害,而对初创企业来说,则可能意味着毁灭的危险。因此,考虑好如何应对来自同行的残酷竞争是创业企业生存的必要准备。

8. 团队风险

1）团队分歧的风险

现代企业越来越重视团队的力量。创业企业在诞生或成长过程中的主要力量来源一般都是创业团队，一个优秀的创业团队能使创业企业迅速地发展起来。但与此同时，风险也蕴含其中，团队的力量越大，产生的风险也就越大。一旦创业团队的核心成员在某些问题上产生分歧，极有可能会对企业造成强烈的冲击。

事实上，做好团队的协作工作并非易事。特别是与股权、利益相关联时，很多初创时很好的伙伴都会闹得不欢而散。

2）人力资源流失风险

一些研发、生产或经营性企业需要面向市场，大量的高素质专业人才或队伍是这类企业成长的重要基础。防止专业人才及业务骨干流失应当是创业者时刻要注意的问题，在那些依靠某种技术或专利创业的企业中，拥有或掌握这一关键技术的业务骨干的流失是创业失败的主要风险源。

9. 核心竞争力缺乏的风险

对于具有长远发展目标的创业者来说，他们的目标是不断地发展壮大企业，因此，企业是否具有自己的核心竞争力就是最主要的风险。一个依赖别人的产品或市场来打天下的企业是不会成长为优秀企业的。核心竞争力在创业之初可能不是最重要的问题，但要谋求长远的发展，就是最不可忽视的问题。没有核心竞争力的企业终究会被淘汰出局。

（三）创业者风险能力评估

创业者风险能力主要通过以下几个方面进行测评。

1. 与个人目标的契合度

创业过程中遭遇的困难和风险是极大的，因此有必要了解创业者的创业动机，有利于判断他人愿意为创业活动付出的代价程度。

一般认为，创业机会与个人目标的契合度越高，则创业者愿意投入的意愿和承担风险的意愿就越大，新目标最后得以实现的机会就越大。

2. 机会成本

机会成本是指企业为从事某项经营活动而放弃另一项经营活动的机会，或利用一定资源获得某种收入时所放弃的另一种收入。那么为了创业机会，你将放弃什么？可以获得什么？对于得失的标准如何评价？

参与创业,需要仔细思考为此所付出的机会成本,通过客观判断后,可以得知新创业机会对于自己的职业发展所具有的吸引力。

3. 对于失败的底线

并不是每一次创业都会成功,创业必然会面对可能失败的风险,所以创业者应该学会分散风险,控制自己失败的底线,就是俗话说的"不要把鸡蛋放在同一个篮子里"。如果将所有的资源都压在同一个项目上,项目失败了,就没有东山再起的机会,所以需要对失败进行设限,学会控制风险,为自己保留"一线生机"。

4. 个人偏好

创业者个人的风险偏好不同,一般来说,喜欢冒险的创业者要比保守的创业者承受风险的能力强。

5. 风险承受度

由于每个人的风险承受度可能不一样,因此这也将成为影响新创业机会评估的重要因素。一般而言,风险承受度太高或太低均不利于新创业的发展。

6. 负荷承受度

创业者的耐压性与负荷承受度,是测量创业者风险承担能力的一个重要指标。负荷承受度与创业者愿意为新企业投入的工作量、愿意承受的辛苦程度密切相关。

(四)创业者风险防范的4R原则

危机管理的4R理论由美国危机管理专家罗伯特·希斯(Robert Heath)在《危机管理》一书中率先提出,即由缩减力(reduction)、预备力(readiness)、反应力(response)、恢复力(recovery)四个阶段组成。

1. 缩减力

对于任何有效的危机管理而言,危机缩减管理是其核心内容。因为降低风险、避免浪费时间、摊薄不善的资源管理,可以大大减少危机的发生和影响力。要缩减危机的管理策略,主要从环境、结构、系统和人员几个方面着手。

1)环境

准备就绪状态意味着人们都要做好应对危机的预备工作,因而缩减危机的策略能够建立和保证与环境相适宜的报警信号,这些策略也可能会重视对环境的管理。

2)结构

缩减危机的策略包括保证物归原处,保证人员会操作一些设备。在某些时候,还应根据环境需要进行改进。同时,也要保证设备的标签无误,说明书正确且易读易懂。符合ISO条款是最好的。

3)系统

在保证系统位置正确或者系统有所富余的情况下,管理者能够运用缩减危机的策略确定哪些防险系统可能失效,并进行相应修正和强化。

4)人员

当反应和恢复的人员能力强,能够有效控制局面的时候,人员就成为降低风险发生概率和缩减其冲击的一个关键因素。这些能力是通过有效的培训和演习得到的。这些培训是提高人的预见性,让人们熟悉各种危机情况,提高他们有效解决问题的技能。缩减危机的策略还包括建设性地听取汇报,这些汇报是决定如何改进反应和恢复措施,甚至试图找到消除或者降低危机之道,这是一种集思广益的决策方式。

2. 预备力

预警和监视系统在危机管理中是一个整体。它们监视一个特定的环境,从而对每个细节的不良变化都会有所反应,并发出信号给其他系统或者负责人。

3. 反应力

反应力即强调在危机已经来临的时候,企业应该做出什么样的反应以策略性地解决危机。危机反应管理所涵盖的范围极为广泛,如危机的沟通、媒体管理、决策的制定、与利益相关者进行沟通等。

在反应力这个层面,企业首先要解决的是如何能够获得更多的时间以应对危机;其次是如何能够更多地获得全面真实的信息以便了解危机波及的程度,为危机的顺畅解决提供依据;最后是在危机来临之后,企业如何降低损失,以最小的损失将危机消除。

这是企业应对危机时的管理策略,一般可以分为四个步骤:确认危机,隔离危机,处理危机,总结危机。在处理危机时,合理地运用沟通管理、媒体管理、企业形象管理等方法,可以收到事半功倍的效果。

4. 恢复力

一是指在危机发生并得到控制后着手后续形象恢复和提升;二是指在危机管理结束后的总结阶段,为今后的危机管理提供经验和支持,避免重蹈历史。

危机一旦被控制,迅速挽回危机所造成的损失就上升为危机管理的首要工作了,在进行恢复工作前,企业先要对危机产生的影响和后果进行分析,然后有针对性地制订恢复计划,使企业能尽快摆脱危机的阴影,恢复以往的运营状态。同时,企业要抓住危机带来的机遇,进行必要的探索,找到能使企业反弹得比危机前更好的方法。

任务四 创业失败的应对

一旦进入了创业的圈子,就只有两种局面会产生,要么成功,要么失败。面对创业的"九死一生",失败成为常态,我们应该以一种积极的心态来应对失败。

(一)复盘:对过去的事情做思维推演

复盘源于古老的东方思维,这种思维不仅仅是一种思考和管理的工具,更是一种文化。这个词最早来源于棋类术语,也称"复局",是指对局完毕后,复演该盘棋的记录,以检查对局中的优劣与得失。复盘被认为是围棋选手增长棋力的重要方法,尤其是当与比自己更高水平的人对弈的时候,不仅能帮助围棋选手加深对棋局的理解,还能通过他人的视角看到自己思考不足的地方。

商业模式和个人管理的"复盘"虽与棋术的复盘有异曲同工之处,但心态和眼界却各有不同。前者摒弃了个人主义的角色扮演,去个人化和中心化,完全回归到实物原生状态,解剖所有与其关联的环节,一件一件地去回忆、分析、解释、阐述,最终得到一种更好的可能性。

创业失败后,我们应该去复盘自己的经历,从中进行学习和提升。

1. 回顾

第一步就是回顾目标,思考自己当初做这件事情的目的或者期望的结果是什么。可以采用情景重现法或者关键节点法。

2. 反思

创业者经历失败后,进行深刻的反思是至关重要的一步,反思不仅能够帮助他们理解失败的原因,还能为未来的规划提供宝贵的经验和指导。反思不仅要求个体通过回顾过去来"发现问题",还要求个体重视当下的"问题探究",更要求个体重视指向未来的"问题解决"。

3. 探究

复盘的关键是推演,不仅是对过去的呈现,而且是对各种可能性进行探讨。分析原因在复盘中扮演着至关重要的角色。

4. 提升

提升包括三个方面的内容:得失的体会、是否有规律性的东西值得思考、接下来的行动计划。

(二)翻盘:从失败中崛起

每个人都会经历失败,但是那些能够从失败中吸取教训并重新站起来的人最终会取得更大的成功。马修用生动的语言讲述了163位创业者如何从失败走向成功的案例。通过对不同行业、领域的163位创业者的采访发现,所有人都经历过失败,但并非所有人都能走向成功,重要的差异在于,这些转败为胜的人往往可以迅速地从失败中恢复、做出改变并且变得更加强大,逃避失败无异于逃避成功。马修通过对163位创业者的采访,总结了从失败中恢复、做出改变一般需要经历的七个阶段,具体如下。

1. 打击

决策可能会贯穿整个打击阶段,打击不仅会导致许多最初的错误,而且会使你在惶恐中做出错误判断,而非做出正确选择。

首先需要在打击阶段识别错误或者失败的特征,其次要善于识别错误来临前的危险信号。

2. 痛苦

每个人不管在创业道路上走了多久,所遭受的错误和失败都是伴随着痛苦的。可能是财务上的痛苦、情感上的痛苦,也可能是身体上的痛苦。

3. 纠结

如果只对犯下的错误感到内疚,那么就看不到大局和错误蕴含的潜力。我们需要去承认错误并解决它,拒绝毫无意义的指责。

4. 沮丧

沮丧作为一种情绪状态,通常是由于遇到挫折、失败等负面事件而引发的。当遇到失败或者压力较大时,我们需要先暂时退一步,缓口气,然后重新评估。

5. 引爆点

引爆点指的是某种现象或概念开始广泛传播或产生影响的临界点。引爆点可能是美好事物的开始,会让我们重新振作,给我们一个前进的方向。引爆点并非直接提供答案,而是促使我们重新审视、观察身边的一切机会。

6. 重建

重建是指不再纠结过去所犯的错误,而是从中学习,最终战胜困难。实现重建的最好办法就是专注于已经做的且深入研究。

7. 接受

在这一阶段,要接受已发生的事情,为达到让事情越变越好的目的而勇往直前。在接受阶段,创业者得到的最大收益就是这个过程中的个人成长。

(三)学习:从失败中蜕变

1. 调整自己的心态

树立一种基于学习导向的失败观,将失败视为试错、试验、学习的机会,视其为对未来的投资,这样不仅能让创业者从失败中积累经验,而且可以营造一个包容失败、鼓励试错、积极分享的学习氛围。

2. 总结自己失败的原因

培养从失败中获取经验的思维方式,巧妙地设计失败,及时发现潜在的问题,增加知识储备的广度和深度。

3. 聆听他人的意见

自己总结的失败经验跟他人眼里看到的失败经验是不是一样的呢?第三者有的时候看问题可能比我们自己看问题要独特、要深入。因此,我们不妨聆听亲朋好友给出的看法和意见。规整这些外来的信息和自我的总结,你会发现自己一下子成长了好多。

4. 避免带来更大的损失

有的人创业,可能是向银行贷款,也可能是跟朋友借钱,此时,如果资金已没有办法周转过来,需要延时还债的话,应该主动站出来跟他人一起协商解决,而不是玩失踪。玩失踪只会让你当前所有的人脉资源都直接消耗完,以后再想创业就没办法借用好的人脉资源了。

创业失败后,首要任务是妥善处理员工问题,包括给予遣散费以安顿好员工,这不仅是对员工负责,也是对公司负责任的体现。遣散费的支付能够避免员工因未得到应有的补偿而采取极端行动,从而为公司避免更多的法律和声誉风险。

5. 重拾信心,再度前行

每个人都有成功和失败的时候,我们不应该把一次失败当成永远的失败,我们应该想办法去超越自己、成就自己。虽然我们的道路并不仅仅是创业这一条,但倘若我们对创业还有信心,那不妨继续走下去,只不过这次要走得更加谨慎一些,避免再犯下同样的错误。

(四)创业韧性:迅速调整失败状态

创业韧性代表创业者能预测潜在威胁、有效应对突发事件以及适应变化,并因此变得比以前更强大。韧性主要包括恢复、应对和成长三个能力层次,这些能力使个体能够在不确定情境下有效地应对挑战并促进个人发展。具体体现如下。

(1)在消极的应激状态下恢复情绪、修复自我,以达到稳定情绪的能力。

(2)在自我适应的基础上积极转变、克服逆境、有效化解危机的能力。

(3)获得成长与发展并在今后的生活与工作中展现出更加积极乐观、有效适应的能力。

韧性的恢复和应对特性使个体能够在遭遇挫折后迅速调整心态,运用积极的情感来应对挑战,从而降低消极情绪对自身的影响,保持心理健康。

课中实训

实训　评估创业机会

(一)中国发展趋势分析

根据当下社会的趋势,以小组形式分析及归类整理生活中、学习中存在的创业机会,并填写下表。

序号	趋势	创业机会	备注
1	大数据	预测分析、辅助商业决策、动态定价工具等	清洗、分析数据
2			
3			
4			

续表

序号	趋势	创业机会	备注
5			
6			
7			
8			

(二)发现身边的创业机会

根据创业机会的来源,以小组形式分析及归类整理生活中、学习中存在的创业机会,并填写下表。

序号	来源	创业机会	备注
1	来自问题		
2	来自不断变化的环境		
3	来自发明创造		
4	来自竞争		
5	来自新技术、新知识的产生		

(三)评估创业机会

根据刘常勇的创业机会评价体系选择一个创业机会,以小组形式分析并填写下表。

创业机会	名称	
	简述	
市场评价	市场定位	
	顾客需求	
	新的价值	
	市场结构	
	市场规模	
	市场占有率	
	市场渗透率	
	产品成本结构	
回报评价	税后利润率	
	盈亏平衡时间预测	
	投资回报率	
	资本需求量	
	毛利率	
	战略价值	
	活跃程度	
	退出和收获回报的难易程度	

项目三　创业机会与风险识别

复盘反思

1. 知识梳理：通过"评估创业机会"的学习，你掌握了哪些与创业机会相关的知识？请画出思维导图。

2. 知识梳理：通过"创业风险"的学习，请总结出创业风险的类别及其造成的后果。

3. 方法反思：在完成本项目学习和实训的过程中，你学会了哪些分析和解决问题的方式？

4. 践行反思：在完成本项目学习和实训的过程中，你认为自己还有哪些地方需要改进和提升的？

课后提升

【案例一】疫情下的抖音

在疫情（新冠病毒感染）的冲击下，直播、短视频等经济新业态迅速崛起，它们在自身迅速发展的同时，也加快了向生活、生产、消费等领域赋能。在2021年1月8日由中国社会科学院社会学研究所、经济参考报、抖音联合召开的"抖音助力经济发展年度报告"发布会上，业内专家纷纷表示，以抖音为代表的各类平台，通过短视频、直播带货，在推动经济新潮流、促进经济复苏、拓展就业形式、丰富社会生活等方面做出了积极的探索，促进了经济社会的可持续发展。

作为迅速崛起的新经济业态，直播正迎来黄金发展时期。当前国内各大平台正纷纷增设直播渠道，相关咨询机构2020年的报告显示，2019年中国直播电商行业的总规模达到4338亿元。

2021年1月8日发布的《"V经济"的兴起：抖音助力经济发展年度报告》（以下简称《报告》）指出，抖音等平台通过短视频、直播电商等形式，推动新型商业模式、消费习惯、生产链条和产业生态的发展，成为一种经济新常态，即"V经济"，包括visualization（视觉化）、volume（流量优化）、vitalization（产业激活）三个方面之间的联动与融合，对应着前台、中台、后台三个环节相互关联的生态体系。

在业内专家看来，数字技术对于提升需求侧管理水平、打造消费新业态等方面具有重要意义，特别是在满足扩大需求方面展现出了巨大的潜力。

中国社会科学院社会学研究所经济与科技社会学研究室主任、研究员吕鹏认为，直播提供了一把"用真实的体验激活需求侧的沉默结构"的利器，促进需求侧和供给侧的双向交流，促进双循环的发展，加速虚拟经济和实体经济的融合。例如疫情（新冠病毒感染）期间，各大车企纷纷加入直播行列，其中三一重卡在抖音上策划了多场活动，在2020年3月20日的"万台抢购节"直播中，2小时内达成5000万元销售额，打破了疫情期间的销售困境。

中国人民大学经济学院教授聂辉华表示，直播经济打破了信息的不对称、时间和空间的限制。此外，直播经济为欠发达地区的发展带来了巨大的机会，通过直播带货的方式，帮助这些地区的农产品找到销路，弥合了地区发展差距。以抖音为例，为了缓解疫情期间农产品销售受阻的问题，2020年2月，抖音等平台通过"县长来直播"等活动，邀请各地市长、县长通过直播为销售受阻的农产品快速找到销路。

值得关注的是，直播正在激发企业的生产活力，促进供给侧变革。中国社会科学院社会学研究所所长、研究员陈光金表示，直播经济在5G赋能下，打造了柔性供应链，让更多的生产商看到了更为精准的市场需求，推动其注重产品的差异化、个性化、销售定制化的订单需求，高时速、低时延的供需产业链逐渐形成，"生产端＋内容端＋服务端"的柔性供需体系迸发升级，同时也加快推动了我国产业的智能化升级。

与传统企业不同，平台企业不仅是平台生态的维护者、治理者和引领者，也是社会责任的承担者，同时也体现了社会价值取向。以抖音为例，疫情期间，为缓解农产品销售受阻的问题，抖音联合今日头条、西瓜视频发起了"战疫助农"公益活动，通过设立农产品供需信息发布专区，为农产品找到销路。截至2020年4月11日，公益活动累计助力农产品销售3.2亿元，在推动地方经济复苏方面发挥了重要的作用。

《报告》也指出，未来平台监管是提升商品品质、增强前台与后台互信的重要渠道之一。直播经济的良性发展除了依靠政府监管、行业约束等外力，更需要企业生产端主动遵守生产规章制度，承担企业的社会责任，重视产品的质量和服务，才能从根本上获得优势。

（注：以上资料来源于《经济参考报》第A08版，2021年1月13日，有删改）

【案例二】粉笔科技

创业失败

2012年12月20日,北京粉笔未来科技有限公司的晨会上,会议气氛异常。公司高管和骨干全部列席,共同商讨如何解决当前活跃用户数量过少的问题。经过讨论后,问题的焦点转向是否放弃公司的主要产品粉笔网。

粉笔网创立于2012年8月,旨在通过整合线下的名师资源,打造实现师生互动的点评类学习社区,最终解决"学生找不到教师,教师找不到学生"的市场痛点。4个月过去了,粉笔网的发展不尽如人意。从用户数量来说,学生用户数虽然已累计达10万人,但活跃用户数不足1万人。另外,学生的点评习惯尚未形成,教师也无力守在计算机或者手机旁及时回复学生的提问,这就直接导致了师生之间的互动几乎为零。如果这些问题不能解决,粉笔网几乎是"走不下去"的。创始人李勇回想起创业的点点滴滴,不停地问自己:粉笔网的问题在哪?是该坚持还是该放弃?

如果坚持下去,虽然可以通过持续推广来增加学生用户的数量,但学生用户活跃度不足的问题可能长期存在。没有用户活跃度,粉笔网就没有存在的价值。

粉笔网承载了李勇及其团队的全部心血和梦想,放弃谈何容易。李勇坐在会议室里,犹豫不决,突然他想起后台活跃用户数据分析的一个发现,联想到自己在中学读书时期的"题海战术",顿时灵光一现。

转型

回想粉笔网自上线以来的活跃用户数据,李勇猛地想起粉笔网产品中的"教师组题,学生做题"有强烈的需求和活跃度反映。"为何不开发一个专门的题库呢?"这个想法一下子点醒了大家,与平台模式相比,虽然题库市场想象力有限,但开发起来简单快速。为了验证开发题库这个想法,该公司成立了两个独立的调研小组来了解学生的需求,听取学生的建议。

调研小组发现,学生学习过程中最大的需求就是做题,职业类和K-12教育的学生的此类需求最为明显。李勇当机立断,决定转向开发题库产品。此外,李勇还多次与好友讨论这个新想法的可行度,得到了好友的支持。李勇只为粉笔网留下不足5个人的运营团队,将全部技术资源投入题库的研发中去,将题库定位为"智能化的学习工具",即根据学生答题情况调整出题范围和难度。

2013年2月18日,猿题库公务员行测、公务员考试申论题库上线,起名为"猿题库";2013年9月,"猿题库"推出"高考题库";2014年11月,公司启动了"小猿搜题"项目;2014年12月,公司选择与出版社合作,为教辅资料提供线上服务。2015年5月,公司又发布了"猿题库教师版",将其定义为服务教师的作业布置平台。

从工具回归平台

"猿题库"和"小猿搜题"这两款免费产品在为粉笔网带来了大量用户的同时,也积累了大量的数据内容。但李勇心里很清楚,题库产品只是优化了教育过程中的一个很小的环节,距离教育的本质还相差很远。将师生紧密地联系在一起才是最本质的内容。

2014年年底,李勇团队对在线直播教育进行了立项,与最初的粉笔网一样还是做平台,不一样的是李勇从"猿题库""小猿搜题"中发现了一种可靠的商业模式——纯在线的辅导平台。

2015年3月,公司获得D轮融资后,于6月推出了在线直播平台"猿辅导",这款产品主要针对初高中生的一对一辅导,意在"给学生家长一种完整的解决方案"。

回顾创业历程,李勇及其团队经历了三次转变,每一次都是险象环生、峰回路转。

项目四　创业团队的组建与管理

学习目标

1.了解创业团队的含义以及创业团队对创业成功的重要意义；

2.学习组建创业团队的策略；

3.领会创业团队的管理技巧。

思维导图

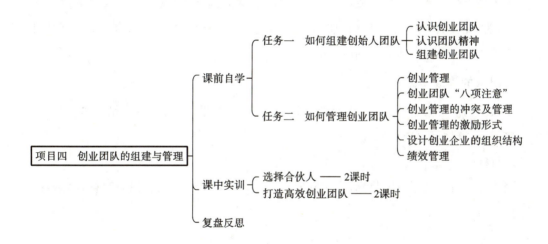

课前自学

任务一　如何组建创始人团队

无论多么优秀的个体,必须与合适的团队融合,才能发挥最大的价值。如果没有共同的方向、缺乏共识、不懂协调,无论多么优秀的个体,都不会成就一个强劲的团队。

(一)认识创业团队

管理学家斯蒂芬·P.罗宾斯认为:团队就是由两个或者两个以上的、相互作用、相互依赖的个体,为了特定目标而按照一定规则结合在一起的组织。

1. 团队的定义

团队是由员工和管理层组成的一个共同体,有共同的理想目标,愿意共同承担责任、共享荣辱,在团队发展过程中,经过长期的学习、磨合、调整和创新,形成主动、高效、合作且有创意的团体,解决问题,达到共同的目标。

2. 团队的构成要素

团队的构成要素总结为5P,分别为目标、人、定位、权限、计划。团队和群体有着根本性的一些区别,群体可以向团队过渡。

1)目标

团队应该有一个既定的目标,为团队成员导航,知道要向何处去,没有目标,团队就没有存在的价值。

2)人

人是构成团队最核心的力量,2个(包含2个)以上的人就可以构成团队。目标是通过人员具体实现的,所以人员的选择是团队中非常重要的一个部分。在一个团队中,可能需要有人出主意,有人制订计划,有人实施,有人协调不同的人一起去工作,还有人去监督团队工作的进展,评估团队最终的贡献。不同的人通过分工来共同完成团队的目标,在人员选择方面要考虑人员的能力如何,技能是否互补,人员的经验如何。

3) 定位

团队的定位包含两层意思:一是团队的定位,团队在企业中处于什么位置,由谁选择和决定团队的成员,团队最终应对谁负责,团队应采取什么方式激励下属;二是个体的定位,成员在团队中扮演什么角色,是制订计划还是具体实施或评估?

4) 权限

团队当中,领导者的权限大小跟团队的发展阶段相关,一般来说,团队越成熟,领导者所拥有的权限相应越小。在团队发展的初期阶段,领导者的权限相对比较集中。团队权限关系的两个方面如下。

(1) 整个团队在组织中拥有什么样的决定权?比如财务决定权、人事决定权、信息决定权;

(2) 组织的基本特征,比如组织的规模有多大,团队的人员数量是否足够,组织对于团队的授权有多大,它的业务是什么类型。

5) 计划

计划包含两层含义:一是目标最终的实现,需要一系列具体的行动方案,可以把计划理解成目标的具体工作程序;二是提前按计划进行可以保证团队的顺利进行,只有在计划的操作下,团队才会一步一步地贴近目标,从而最终实现目标。

3. 创业团队的类型

创业团队分为三种类型:星状创业团队、网状创业团队和从网状创业团队中演化出来的虚拟星状创业团队。

1) 星状创业团队

星状创业团队也称核心主导创业团队。一般在团队中有一个核心主导人(core leader),充当领军的角色。这种团队在形成之前,一般是核心主导人有了创业的想法,然后根据自己的想法进行创业团队的组建。因此,在团队形成之前,核心主导人已经就团队组建进行过仔细思考,再根据自己的想法选择相应的人员加入团队。其他团队成员在企业中一般是支持者角色(supporter)。

这种创业团队有几个明显的特点:组织结构紧密,向心力强,核心主导人在组织中的行为对其他个体影响巨大;决策程序相对简单,组织效率较高;容易形成权力过分集中的局面,从而使决策失误的风险加大;当其他团队成员与核心主导人发生冲突时,因为核心主导人的特殊权威,使其他团队成员处于被动地位,当冲突较严重时,一般都会选择离开团队,因此对组织的影响较大。

2) 网状创业团队

网状创业团队也称群体性创业团队。这种创业团队的成员主要来自因为经验和共同兴趣而结缘的伙伴。一般都是在交往过程中,共同认可某一个创业想法,并就创业达成了共识以后,开始共同进行创业。在创业团队组成时,没有明确的核心主导人,大家根据各自的特点自发地进行组织角色定位。因此,在企业初创时期,各位成员基本上扮演的是协作者或者伙伴(partner)角色。

这种创业团队有几个明显的特点:团队没有明显的核心主导人,整体结构较为松散;组织决策时,一般采取集体决策的方式,通过大量的讨论达成一致意见,因此组织的决策效率相对较低;由于团队成员在团队中的地位相似,因此容易在组织中形成多头领导的局面;当团队成员之间发生冲突时,一般采取平等协商的方式解决,团队成员不会轻易离开,但是一旦团队成员间的冲突升级,使某些团队成员撤出团队,就容易导致整个团队的涣散。

3) 虚拟星状创业团队

虚拟星状创业团队是由网状创业团队演化而来的。在团队中,有一个核心成员,但是该核心成员地位的确立是团队成员协商的结果,因此核心人物某种意义上说是整个团队的代言人,而不是主导型人物,其在团队中的行为必须充分考虑其他团队成员的意见,不像星状创业团队中的核心主导人那样有权威。

4. 高效团队的特征

高效团队是指发展目标清晰,团队成员在有效的领导下相互信任、沟通良好、积极协同工作的团队。

1) 明确的目标

高效团队对所要达到的目标有清楚的了解,并坚信这一目标包含着重大的意义和价值。而且,这种目标的重要性还激励着团队成员把个人目标升华到群体目标中去。在有效的团队中,成员愿意为团队目标作出承诺,成员知道他们做什么工作,以及知道怎样共同工作才能完成任务。

2) 互补的技能

把个人技能与团队职位要求相匹配,使团队成员各司其职,各尽其能。虽然一个人可能具备一到两种技能,但是基本上不会具备所有的能力。而团队就是将不同技能的成员组合在一起,取长补短,形成最大的合力,并且每种技能都是为完成团队的目标所必需的。例如,一个只具有市场营销能力的开发小组,或者一个只具有产品研发能力的开发小组,其成功率要比同时具有这两种互补技能的开发小组的低。

高效团队是由一群有能力的人组成的。他们具备实现理想目标所必需的技能,而且相互之间有能够良好合作的个性和品质,从而出色完成任务。后者尤其重要,但却常常被人们忽视。有精湛技能的人不一定有处理群体内关系的能力,高效团队的成员则往往兼而有之。

3) 相互的信任

信任是合作的基础和前提,成员间相互信任是高效团队的显著特征。互相信任能够提高团队合作的能力和质量。也就是说,团队成员之间具有高度的信任感,团队成员彼此认同各自的特点、工作能力和品格。只有信任他人才能换来被他人的信任,不信任只能导致不信任。"新木桶原理"认为:如果木桶有缝隙,即使每块木板都一样长,水也会流出来,这时木桶能装多少水取决于缝隙而不是木板。如果把团队比作木桶,盛水量比作目标,那么成员之间相互的裂痕也会导致团队的失败。

组织文化和管理层的行为对形成群体相互信任的氛围很有影响。如果组织崇尚开放、诚实、协作的办事原则,同时鼓励员工的参与和自主性,就比较容易形成信任的环境。

4) 一致的承诺

高效的团队成员会对团队表现出高度的忠诚和承诺,为了让群体获得成功,他们愿意去做任何事情。我们把这种忠诚和奉献称为一致的承诺。

对成功团队的研究发现,团队成员对他们的群体有认同感,他们把自己属于该群体的身份看成是自我的一个重要方面。因此,承诺一致的特征表现为对群体目标的奉献精神,愿意为实现这一目标而发挥自己的最大潜能。

5) 高度的责任感

对于一个团队而言,责任就是团队精神的核心,强烈的责任感能唤醒一个人的良知,也能激发一个人的潜能。团队最需要的是成员之间的协作和彼此的担责,只有这样,团队的目标才能实现。团队好似一台精密机器,零件之间的配合就是信任程度,各个零件各司其职,这就是每个零件都需要承担整台机器运作的责任。同样,一个零件不起作用或者失效,必将导致机器停止运转。团队的成员靠的是成员对团队的责任感,成员的成功靠的是彼此的责任感。

6) 良好的沟通

毋庸置疑,良好的沟通是高效团队必不可少的一个特点。群体成员通过畅通的渠道交流信息,包括各种言语信息和非言语信息。此外,管理层与团队成员之间的健康的信息反馈也是良好沟通的一个重要特征,有助于管理者指导团队成员的行动,消除误解。

7) 合适的领导

有效的领导者能够让团队跟随自己共同度过最艰难的时期，因为他们能为团队指明方向。他们鼓舞团队成员的自信心，帮助成员更充分地了解自己的潜力。高效团队的领导者往往担任的是教练和后盾的角色，他们对团队提供指导和支持，但并不试图去控制它。

(二)认识团队精神

团队精神是大局意识、协作精神和服务精神的集中体现，核心是协同合作，反映的是个体利益和整体利益的统一，并进而保证组织的高效运转。

团队精神的形成并不要求团队成员牺牲自我，相反，挥洒个性、表现特长能保证成员共同完成任务目标，而明确的协作意愿和协作方式能产生真正的内心动力。团队精神是组织文化的一部分，良好的管理可以通过合适的组织形态将每个人安排至合适的岗位，充分发挥集体的潜能。如果没有正确的管理文化，没有良好的从业心态和奉献精神，就不会有团队精神。

1. 团队精神的作用

1) 目标导向功能

团队精神能够使团队成员齐心协力，拧成一股绳，朝着一个目标努力。对团队中的个人来说，团队要达到的目标即是自己必须努力的方向，从而将团队的整体目标分解成各个小目标，在每个队员身上得到落实。

2) 团结凝聚功能

任何群体都需要一种凝聚力，传统的管理方法是通过组织自上而下地传达行政指令，这淡化了个人感情和社会心理等方面的需求。团队精神则通过对群体意识的培养，通过队员在长期实践中形成的习惯、信仰、动机、兴趣等来指引人们的思想，引导人们产生共同的使命感、归属感和认同感，逐渐强化团队精神，产生一种强大的凝聚力。

3) 促进激励功能

团队精神要靠每一个队员自觉地向团队中最优秀的员工看齐，通过队员之间正常的竞争达到实现激励功能的目的。这种激励不是单纯地停留在物质的基础上，而是要能得到团队的认可，获得团队中其他队员的认可。

4) 实现控制功能

在团队里，不仅队员的个体行为需要控制，群体行为也需要协调。团队精神所产生的控制功能，是通过团队内部所形成的一种观念的力量去约束、规范、控制团队的个体行为。这种控制不是自上而下的硬性强制力量，而是由硬性控制向软性内化控制；由控制个人行为，转向控制个人的意识;由控制个人的短期行为,转向对其价值观和长期目标的控制。因此,这种控制更为持久且更有意义,容易深入人心。

2. 团队精神的基本要素

1)团队精神的基础——挥洒个性

从根本上说,团队业绩首先来自团队成员中个人的成果,其次来自集体成果。团队所依赖的是,通过个体成员的贡献而得到实实在在的集体成果。这里恰恰不要求团队成员都牺牲自我去完成同一件事情,而要求团队成员都发挥特长去做好这一件事情。也就是说,团队效率的培养,团队精神的形成,其基础是尊重个人的兴趣和成就。设置不同的岗位,选拔不同的人才,给予不同的待遇、培养和肯定,让每一个成员都拥有特长,这样的氛围越浓厚越好。

2)团队精神的外在形式——奉献精神

团队有着明确的目标,要实现这些目标不可能总是一帆风顺的。因此,具有团队精神的人,总是以一种强烈的责任感、充满活力和热情,为了确保完成团队赋予的使命,和同事一起努力奋斗、积极进取、创造性地工作。团队成员在对待团队事务的态度上,表现为团队成员在自己的岗位上"尽心尽力","主动"为了整体的和谐而甘当配角,"自愿"为团队的利益放弃自己的私利。

3)团队精神的核心——协同合作

社会学实验表明,两个人以团队的方式相互协作的工作绩效明显优于两个人单干时工作绩效的总和。团队精神强调的不仅仅是一般意义上的合作与齐心协力,它要求发挥团队的优势,其核心是大家在工作中加强沟通,利用个性和能力差异,在团结协作中实现优势互补,发挥积极协同效应,带来"1+1>2"的绩效。因此,要确保共同完成目标任务,在于团队成员才能上的互补,在于发挥每个人的特长,使之产生协同效应。

4)团队精神的最高境界——团结一致

全体成员的向心力、凝聚力是从松散的个人集合走向团队的重要标志。这里,有共同的目标并鼓励所有成员为之奋斗固然重要,但是,向心力、凝聚力来自团队成员自觉的内心动力,来自共同的价值观,不难想象,在没有展示自我机会的团队里基本不能形成真正的向心力;同样不难想象,在没有明确的协作意愿和协作方式下也基本不能形成真正的凝聚力。

(三)组建创业团队

在创业过程中,一个优秀的创业团队是最重要的力量。在团队组建的过程中,存在着招人难、管理难、赢得人心难等实际问题,那么,如何才能组建一个强大的创业团队呢?

1. 组建的基本原则

1）目标明确合理原则

目标必须合理,这样才能让团队成员清晰地认识到共同奋斗的方向是什么。而且目标也必须是合理的、可执行的,这样才能达到激励的目的。

2）互补原则

创业者之所以要寻求与团队合作,其目的就在于弥补创业目标与自身之间的差异。创业团队需发挥出"1+1>2"的协同效应,这就要求团队成员之间是互补的关系,具体体现在知识、经验、技能等方面。

3）精简高效原则

为了减少创业初期的运作成本、分享最大比例的成果,创业团队人员的构成应该保证在高效运作下尽量精简。

4）开放原则

创业的过程充满了不确定性,团队中的人员可能会产生变动,有人离开、有人加入。因此,在组建创业团队的时候,我们应保持团队的开放性,吸纳与创业匹配的人才。

2. 组建的程序

创业团队的组建是一个十分复杂的过程,不同类型的创业项目所需的创业团队不同,组件创业团队的步骤也不完全相同。概括来讲,大致的组建程序如下。

1）明确创业目标

总目标确定之后,为了推动团队最终实现创业目标,再将总目标进行分解,确定若干可行的、阶段性的子目标。

2）制订创业计划

一份完整的创业计划,必然包含核心团队的计划和人力资源计划。通过创业计划可以进一步明确创业团队的具体要求,比如人员的构成、素质和能力等。

3）招募合适的人员

招募合适的人员,是创业团队组建中最关键的一步,需考虑两个方面:价值观相同,知识技能的互补。

4）团队的职权划分

职权划分需根据创业计划的需要,具体确定每个团队成员所要承担的责任以及享有的权限。

5）构建制度体系

制度体系的构建主要是对成员产生约束和激励作用。

6）团队的调整和融合

随着团队的运作，团队组建时会逐渐暴露出在人员配置、制度设计、职权划分等方面的问题，这时需要进行调整和融合，这是一个动态且持续的过程。

课堂活动：疯狂的设计

活动内容：锻炼大家的反应协调能力，加强组员的团队合作能力。准备包含单个字母和单词的纸片，然后开始抽取。游戏环节分为两轮：第一轮每个小组派一个代表从字母纸片中随机抽取一张，然后小组成员用最短的时间摆出这个字母；第二轮每个小组派一个代表从单词纸片中随机抽取一张，然后小组成员用最短的时间摆出这个单词。

3. 组建团队时不可或缺的几类人

创业是企业发展过程中一个非常特殊的阶段，对团队工作效率要求极高，因此创业团队中应考虑有下列几类人。

1）战略意识强的人

创业团队中必须有一个高瞻远瞩的人。因为创业是一件艰苦的事情，是需要时间的，不是一朝一夕的事情，所以团队中必须有长远战略目光的人，也需要这样的领头人。

2）执行力强的人

执行力就是完成任务的能力，包括组织策划、实际操作、信息沟通等多种能力。实际中，有的人可能具备其中一种能力，或几方面，当然，兼备的越多就更好了。没有执行就没有结果，高效的执行才会有好的结果，一个团队必须有执行力强的人，不然发展下去都困难。

3）号召力强的人

团队不可能是单层次结构的，核心团队的每个人都可能带领一个大团队，因此具备领袖般号召力是十分必要的。随着企业的发展，吸纳更加有能力的人加盟，是团队保持创新激情、保持竞争力所必需的，构建合理的人才流动机制是必要的。

4) 激情四射的人

对做事充满激情,并能让团队激情四射的人。无论遇到什么样的困难,激情四射的人都能引导大家放松心态,让大家信心满满并愉快工作的人。

5) 思维缜密的人

公司的不断发展与壮大,离不开每一次的思维碰撞和执行能力,只有好的思维,才能有好的执行方案,所以必须有缜密思维的人助阵才能让团队健全。

6) 沟通能力强的人

团队必须有一个好的氛围,这个氛围除了彼此的性格所致之外,还需要一个和稀泥的人,这个人具有良好的沟通能力,对内可以团结队友,对外可以维护客户,这种人才必须具备。

7) 保守谨慎的人

对事情的看法往往较为保守,不容易热血上涌,经常为其他人"泼冷水"。团队需要这样"冷静"的人,尤其是业务爆炸式增长的时候。

8) 踏实平凡的人

再好的想法要有人去落实,再简单的程序也需要一行一行地写代码,企业中的大部分是"踏实""平凡"的人。其实他们的不平凡就是他们的意志坚定、兢兢业业。

9) 不同思维的人

创新来自不同的想法,他们敢于打破常规,提出新思路,善于总结目前的弊端并提出改良建议,我们常称他们为奇异思维的人。

10) 敢于向权威挑战的人

之所以说是敢于向权威挑战,是因为团队的发展和创新离不开不同的意见和想法,不能让团队和公司成为一言堂,要广泛听取大家的意见和想法,这样才能让整个业务或管理贴近现实,也符合市场。

11) 综合能力很强的人

创业团队更需要综合能力很强的人才,并且是正能量的人。可以说是那种既能看到公司未来,又有一套执行计划的人,他能指引大家信心十足地走下去,这个人就是发起人、创始人或核心人物。

人的性格是复杂、多变的,因此需要创业管理者去认真分析、细心挑选。西游记中的唐僧师徒四人就是一个最佳的组合:师傅唐僧富有号召力,取经的意志最为坚定;孙悟空执行力强,一路降妖除怪是保护唐僧西天取经的得力助手;猪八戒常偷懒耍滑,善泼冷水,却不失为团队润滑幽默的联络人;沙僧踏实平凡,是最合适的看家人。

任务二　如何管理创业团队

创业的成功与否并不完全取决于你是选择独自创业还是团队创业。你更需要考虑的是你的项目需不需要创业伙伴,需要几个,或者未来还要拉入几个。但是,不管是几个人创业,你都需要学会处理团队关系,知道团队的重心,这些都是创业路上的重点。

创业管理不同于传统管理,它研究的是企业管理层的创业行为、如何连续注入创新精神和创新活力,增强企业的战略管理柔性和竞争优势。

(一)创业管理

创业管理概念最早是由斯蒂文森和哈里略于1990年提出的,它是从创业视角概括战略管理,即创业学和战略管理的交叉。

创业管理是指白手起家,通过自有资金或风险投资,让新事业开始盈利并进入良性循环的一种管理方式。换言之,创业管理是指在现有的资源下,开发和识别机会,并利用机会将好的创意快速变成现实,随着企业的成长延续和强化。创新是创业管理的根本,但创新并不一定是发明创造,也不是无限制地冒险、非理性地控制风险,而是根据企业的发展制定一套有效的成本控制计划以及执行方案,以此增强企业的竞争力。

(二)创业团队"八项注意"

大学生在创业初期往往会遇到各类问题,屡屡受挫、举步维艰。创业团队在初期也属于不稳定的状态,团队中的成员可能因为种种原因退出团队,导致公司受到重创,所以在管理团队时,我们应该注意如下事项。

1. 实现创业梦想的基本原则

首先要找准行业。深思涉足哪个行业最合适,做哪些买卖能获得成功,预测事业将以什么样的速度增长?请考虑以下原则。

(1)利润与销售紧密相连的行业,如当销售额增长20%时,净利润可以增长50%的行业。

(2)对其他行业依赖性小,有较强独立性的行业;

(3)有连续不断的市场需求的行业。

(4)少有破产、倒闭事件发生的行业。

其次，你的梦想要有不同于竞争对手的特点，重要的是在创业之初，要在市场中占据主导地位。

与此同时，一定要保证产品和服务的质量，这是成功的关键。要有完善的服务，丰富的存货，良好的信誉，要成为你的竞争对手难以抗拒的强者。无论是商品还是服务，都是最好的；市场营销也应别具一格，大有成效。

然后，创业必须辛苦工作，并且一般要遵循5+10规则，即可能要花费5年的时间，并且成本可能比预期多出10倍，才能达到成功的彼岸。所有的事要花费比你想象至少多一倍的时间和金钱，但往往只能取得你期望中一半的效果。做生意之前，好好数一数自己到底有多少现金和存款。因为你可能会失去它们，再也赚不回来。

刚创业者必须亲自做市场调查，不能参照别的公司或政府的资料，他们的目标不适合你的目标。最后，办公司前，先到这一相关领域去工作一段时间，这会缩短你在这一行业独自摸索的时间。

2. 制订切实可行的发展计划

正式的书面计划可为新创立的公司树立一个无价的、积极的发展目标。书面计划包括以下4个部分。

（1）目标陈述，包括公司的发展目标，以及达到目标采用的方式。如想获得资金，还需要多少资金，如何利用这笔资金，怎样偿还和如何偿付投资者的红利等。

（2）公司经营范围的描述，说明公司是做什么的，有哪些特色新产品或服务。如果是创业初始，还应详列创业费用和5年计划，包括公司对财务、保险、安全措施、仓库控制等记录的保障体系。

（3）市场宣传计划部分，应说明公司的潜在客户群体以及赢得这些客户所采用的方法。其包括所有直接或间接的竞争对手，以及公司的竞争优势在哪里。所有的促销、价格、包装、批发等都应在计划中详述。再根据市场宣传计划、市场发展趋势来研究如何让公司走在市场的前沿。

（4）资金计划，应说明公司目前已有资金以及公司实际需要的资金。刚创办的公司应有现金流动报表，参照此表和年收入情况制订一个3年收入计划。可借助对市场及竞争对手的调查。企业计划能够让你从日常的苦心经营中解放出来，让你的精力得以集中到未来的发展上，创业者需要抽出一些时间来制订公司的发展计划。

3. 学会把日常工作交由他人来做，这样你可以有更多的时间来发展自己的事业

要授权，而不是对整个程序全盘管理。如果一个企业家把太多的时间花在任何人都能胜任的日常工作上，而不考虑老板应做的战略计划及高层次的管理工作，那么其代价有时是致命的。如果企业家允许其他人做决定,他们也会做得很好。他们虽会犯我们都会犯的错误,但他们可以学习而且下一次会做得更好。权力下放是公司成长的唯一途径。

4. 有经商的头脑也必须经过这样一些过程才能造就

深入了解你的产品,经常听取用户意见,培养你的搭档和下属能感知企业内部资金流入/流出状况的直觉能力,与你的搭档和下属一起精诚合作,并把自己以往获得的经验与他们分享,商业头脑的获得会使你的注意力迅速地集中到点上。

(1)要找准自己的用武之地,不能脱离实际。

(2)把主攻方向确定在一个特定而非漫无边际的范围非常重要,公司起步时也要如此。

(3)相比贸然闯入一个陌生领域来说,循序渐进是促成公司快速成长的更为可取的方式,欲速而不达,往往会带来鸡飞蛋打的悲惨后果。

5. 要尽可能招聘优质的人才

优质的人才会给公司带来比你付出高薪多得多的利润和好处,因为如果你的员工是一流的,那么你的公司便也成了一流的。老板必须清楚公司需要什么样的员工,并且让每个员工知道自己的职责范围,同时要培养员工的团队精神,使之与其他员工默契配合。只要做到这一点,费点时间和精力也是值得的,这样不仅有利于老板明白自己需要什么样的人才,还有利于公司吸引人才。

一般来说,部门经理可以在公司内部选拔,而优秀的销售员和市场营销人员可以到竞争对手公司里去聘请。

6. 创业之前应当了解其他公司的薪金制度

要建立定额销售制度,完成销售额的员工将获得公司毛利一定比例的收入。完不成销售额的员工收入少一些,超额完成销售额的员工收入相对多一些,形成能者多、平者少、庸者下的竞争机制。企业刚起步时,你对薪金制度了解得越多,公司今后的发展越顺利。

企业从创办的第一天起,应该有书面的规章制度。混乱的状态会给公司经营带来麻烦。没有规章制度的公司,只会落到举步维艰的境地。规章制度最大的好处是:让每个人都处在相同的行为准则下,朝着共同的目标前进。作为老板的你,如果不制定规章制度,指明方向,那么员工就会各行其是。

制定的规章制度中,不能限制老板处理事物的决定权。处理违反规章制度的方法也要列写清楚,比如,对于工作中一贯的失误者应被解雇。但规章制度的重点应放在员工的工作表现上。

7. 任何事情不要独自一人去做,合伙人会带来无价的帮助

当在你的能干员工中找到"伙伴"一起来做生意时,应事先有一个书面协议,列明双方应承担的权利和义务。通常双方能为公司的发展带来不同的经营才干、经验或其他相关的优势。友情不能维持合伙关系,事实上,生意上的合伙关系很容易破坏多年的友情。合伙要想成功、愉快,必须在合伙之前先写好协议。如果是两个意见经常相背者合伙,更应该有书面协议书。

典型的协议书应该说明生意的具体目的,说明每个合伙人有形的资产、设备、专利等和无形的服务、特有技术、关系网等,以及每个人在收入上应得的百分比。协议允许合伙人占有的公司股份各不相同,因此要说明各个合伙人在公司管理中的地位和职务,是否允许合伙人从事公司以外的其他业务等。更重要的一点就是,合伙双方以什么样的方式结束合伙关系,这点一定要在协议中写明。

8. 一开始就建立专业的管理班子,从"小作坊"变成一个正规的公司

"小作坊"式的管理方式会给你带来巨大的工作压力,公司的发展也会因此变得缓慢。公司规模小时,一个人独自管理公司还行得通,但当你签订了上百万元的大合同时,客户会关注你的公司是否具有专业的管理水平,这时需要一个正规且专业的管理班子运转了。

你首先应该分析公司每天在做什么?如何做?公司的主要收益有哪些?这些调查不能急于求成,而要有耐心。这一过程既是帮助企业权力下放,又是指导有针对性地招聘适合公司发展的人才。严谨的调查有助于工作的顺利进行。要为一个职位找到合适的管理人才,必须经历一个漫长的过程,必须了解每个人的特点,以便因才施位。

不能随便找一个人便万事大吉,必须不停地挖掘,要把有真才实学的人选进公司。许多公司在朝专业化管理转变的过程中消亡了,原因就在于没有建立起一个高效、专业的管理班子。要搭建一个好的管理班子,必须遵循以下几项原则。

(1) 聘请有经验的人员。

(2) 选择素质较高的人。

(3) 力图使其拥有的经验和才能适应公司的环境。

(4) 尽量到过去共过事的朋友中去寻找。

(5) 管理层的人数要尽可能地少。

(6) 盯住目标——利润才是最终目的。

(三)创业管理的冲突及管理

冲突就是矛盾表面化、分歧情绪化、情绪对立化。对于所有团队和组织来说,冲突都是无法避免的。冲突,总是让人感到不快,并且当双方情绪对立的时候,就会导致感情用事。

案例内容:一家旅游公司的总经理很赏识一个员工,总把重要的任务交给他。但有一次,一项很重要的工作这个员工没有办好,经理非常生气,批评了他。结果这个员工摔门而去。不久后,这个员工便在这家旅游公司的对面开了一家小旅游公司,后来大家得知他开公司不是为了赚钱,是要搅黄对面的公司。即使自己赔钱也要搅黄。并且每次他搅黄一家,还要告诉这个总经理,这让总经理非常苦恼。

案例分析:这个员工就是感情用事,其实谁都可能有把事情办糟糕的情况,做错事情挨了老板批评很正常,这个员工的这种做法对自己没有一点好处。

冲突只是沟通方式的一种,让大家有机会面对面交换意见,彻底了解彼此的想法。冲突本应该是亲密关系的开始。两个人相处或团队成员相处,如果没有冲突,都是相互谦让不发生碰撞,人和人之间的关系就会停留在某一个距离上。要想有进一步的接触,就必然有冲突,它是亲密关系、紧密合作的开始。因为有冲突,彼此才能真正表明自己的立场,才能真正开始了解对方。

所以说冲突并不都是坏事,冲突是团队人际关系的晴雨表。在一个团队中,有没有保持一定的冲突,是保持良性的冲突还是恶性的冲突,我们可以根据这些预测这个团队还可以在一起工作多长时间,这个团队能不能坚持下去。

保持良性的冲突有利于企业的发展,但是,即便是良性冲突,人们往往也害怕发生,一方面是为了保护彼此的关系,以免伤了和气。结果为了避免冲突,避免关系被破坏,一些人便选择沉默,但是不沟通的结果,反而使彼此之间更为疏离,自我防卫心更重,更不愿意发表意见,长时间下去,矛盾会越来越深。

1. 创业团队冲突产生的原因

创业团队冲突一般由多种因素累积到一定程度之后爆发,很多冲突在爆发之前就已经存在了。

1)个人层面

通常情况下,创业团队成员中每个人的受教育程度、职业经历、性格等方面都是存在差异的,这些都会成为团队冲突的诱因。

2)群体层面

创业团队成员之间的协同性、凝聚力、压力、规范、信任等是造成创业团队冲突的主要原因。比如,创业团队成员之间的协同性可以让具有不同职业经历的成员之间产生良性情感;相反,如果成员之间缺乏协同性,即使有相似职业经历的成员,也可能会产生冲突。与此同时,协同性还可以使创业团队成员之间提高信任,彼此相互依存。

2. 创业团队冲突的类型

创业团队冲突的类型包含认知冲突和情感冲突两种。

所谓认知冲突,是指创业团队成员在某些行为、做法、认知、观念等方面意见不一致时的现象。认知冲突属于功能冲突,其具有积极的一面:创业团队成员交流和讨论不同的观点和想法,主要目的是共同找出彼此能够接受的解决方案,能够促进团队成员之间相互学习。一般而言,对于创业团队的发展,具有正面的影响。

情感冲突是指创业团队成员之间的人际关系的不合或者价值观的不一致,一般表现为相互猜疑、拒绝合作、相互敌视等。情感冲突往往会产生负面影响,会导致团队成员之间积累成见,不利于任务的有效开展,从而影响团队的健康发展。

此外,认知冲突如果处理不好,很容易上升成情感冲突,因此需要积极控制和有效引导。

3. 创业团队冲突产生的影响

冲突对创业团队的影响具有双重性质,即既有积极的一面,也有消极的一面。下面对认知冲突、情感冲突进行分析。

1) 正面影响

认知冲突可以激发创业团队之间的思考,使创业团队变得灵活,同时也能产生一定的创新因素。

成员在解决认知冲突的过程中会产生新的想法,进而引发创新。当创业成员之间产生冲突后,各成员都会积极地收集信息来论证自己的观点,各成员之间也会积极交流、相互学习。一般来说,会对原有的组织境况产生一定的变革,进而有利于组织的生存和发展。通过各成员之间的深入交流,能够显著增进各成员之间的了解,能够提高成员的整体学习能力,能够有效提高组织的创新水平。

冲突的解决过程,同时也是创业成员冲突主体之间相互学习的过程,更是不断提高组织决策的过程。通过制造和解决冲突,能够提升成员的积极参与程度,提高成员的积极性。如果组织都能认真考虑每个成员的意见,将任何一个小冲突都能认真对待,成员就会觉得被尊重,会更加积极地参与组织行为。

2) 负面影响

情感冲突可以影响创业团队成员的士气,导致工作效率下降,对团队绩效具有负面影响。当认知冲突严重到一定地步,主体之间产生严重分歧时,就会上升到情感冲突,会对组织产生一定的负面影响。

情感冲突会消耗组织的资源,影响组织资源的最优分配。为了解决冲突,各创业成员可能要花费大量的时间和精力对某些问题进行探讨。在探讨过程中,组织需要消耗一定的资源。

情感冲突会给创业团队成员的心理或者身体带来伤害。创业团队成员之间的情感冲突可能导致成员产生紧张、焦虑、恐惧等情感,进而严重影响其工作效率。与此同时,成员之间因为存在严重的情感冲突,所以很难形成团结、友善的工作氛围。

一些情感冲突还可能演变为组织内部的恶性竞争,创业团队成员可能会采取一些不正当的手段进行竞争,从而严重影响组织的整体利益。

4. 创业团队冲突管理的办法

针对不同类型的冲突,我们要积极引导冲突的发生,防止或消减不良冲突带来的影响。

1)针对认知冲突

需从"积极引导""提高战略认同""防止冲突升级"等角度进行认知。认知冲突对提升创业团队活力、创新精神具有重要的意义,可以引导团队成员进行"思维碰撞",产生"新的火花",从而促进创业团队的进一步发展。

团队的特征在于成员对战略目标的一致认同。认知冲突一般发生在团队建设过程中的一些"具体做法"或者"日常管理"层面。如果团队成员对战略目标产生了分歧,这属于对重大问题的意见不一致,很容易让认知冲突演变为情感冲突,因此团队在制定战略目标的过程中,一定要争取让每个成员都高度认同。

为了防止认知冲突上升到情感冲突,创业团队应该建立冲突预警机制。冲突预警机制是指对冲突的产生、发展、结果等全过程进行监督和评价,即防止或消减冲突产生严重后果的方式。

2)针对情感冲突

需从"团队目标清晰化""团队激励系统化""团队沟通渠道顺畅化"等角度进行认知。尽可能把创业团队的目标细化,分解出清晰的阶段性目标,以缓减情感冲突。组织必须有一个明确的奋斗目标,合理的目标是成员合作的动力,而且清晰的目标也是解决成员冲突的标杆。

为了从制度上解决或者缓解情感冲突,应该建立系统的团队激励机制。组织内部相互制约、相互制衡,可以避免一些重大冲突的发生。

团队成员之间的沟通顺畅是解决和缓和情感冲突的重要保障。因此,为了避免创业团队成员之间的冲突加剧,一定要建立一个顺畅的沟通渠道。构建该渠道需明确三大要点:遇到冲突,团队成员之间采用什么方式解决(人数、股份、职位);谁来召集解决,什么时间解决;冲突解决之后的落实情况由谁来监督。

(四)创业管理的激励形式

要想带好一个团队,不能把"激励"仅看成是一种推动员工动力的手段,而要把"激励"放在一个战略高度,作为一种企业文化进行塑造,才可以把激励真正做到潜移默化。

1. 榜样激励

为员工树立一根行为标杆。在任何一个组织里,管理者都是下属的镜子。可以说,只要看一看这个组织的管理者是如何对待工作的,就可以了解整个组织成员的工作态度。"表不正,不可求直影。"要让员工充满激情地去工作,管理者就先要做好榜样。

2. 目标激励

激发员工不断前进的欲望。人的行为都是由动机引起的,并且都是指向一定的目标。这种动机是行为的一种诱因,是行动的内驱力,对人的活动起着强烈的激励作用。管理者通过设置适当的目标,可以有效诱发、导向和激励员工的行为,调动员工的积极性。

3. 授权激励

重任在肩的人更有积极性。有效授权是一种管理技巧。不管多能干的领导,也不可能把工作全部揽过来,这样做只能使管理效率降低,下属成长过慢。通过授权,管理者可以提升自己及下属的工作能力,极大地激发起下属的积极性和主人翁精神。

4. 尊重激励

给人尊严远胜过给人金钱。尊重是一种最人性化、最有效的激励手段之一。以尊重自己员工的方式来激励他们,其效果远比物质上的激励要来得更持久、更有效。可以说,尊重是激励员工的法宝,其成本低、成效高,是其他激励手段都难以企及的。

5. 沟通激励

下属的干劲是"谈"出来的。管理者与下属保持良好的关系,对于调动下属的激情、为企业积极工作起着特别的作用。而建立这种良好的上下级关系的前提,也是最重要的一点,就是有效沟通。可以说,沟通之于管理者,就像水之于游鱼,大气之于飞鸟。

6. 信任激励

领导与员工之间应该要肝胆相照。你在哪个方面信任他,实际上就是在哪个方面为他勾画了其意志行为的方向。因而,信任也就成为激励他人意志行为的一种重要途径。而管理不就是要激励他人的意志行为吗?

7. 宽容激励

胸怀宽广会让人甘心效力。宽容是一种管理艺术,也是激励员工的一种有效方式。管理者具备的宽容品质不仅能使员工感到亲切、温暖,更能化为开启员工积极性的钥匙,激励员工自省、自律、自强,让他们在感化中心甘情愿地为企业效力。

8. 赞美激励

赞美激励是一种效果奇特的零成本激励法。人都有做一个"重要"人物的欲望,都渴望得到别人的赞美和肯定。赞美是一种非常有效且不可思议的推动力量,它能赋予人一种积极向上的力量,能够极大地激发人对事物的热情。用赞美的方式激励员工,管理者所能得到的将会远远大于付出。

9. 情感激励

让下属在感动中奋力打拼。一个领导者能否成功,不在于有没有人为你打拼,而在于有没有人心甘情愿地为你打拼。须知,让人生死相许的不是金钱和地位,而是一个情字。一个关切的举动、几句动情的话语、几滴伤心的眼泪可能比"高官厚禄"的作用大好多倍。

10. 竞争激励

竞争激励就像一个无形按钮,能增强企业团队的活力。人都有争强好胜的心理。在企业内部建立良性的竞争机制是一种积极的、健康的、向上的引导和激励方式。管理者通过设立擂台竞技,能有效激发员工的积极性、主动性、创造性和竞争意识。

11. 文化激励

文化激励是用企业文化熏陶出好员工。企业文化是推动企业发展的原动力。企业文化对企业发展的目标、行为有导向功能,能有效地提高企业的生产效率,对企业的个体也具有强大的凝聚功能。好的企业文化可以改善员工的精神状态,熏陶出具有自豪感和荣誉感的优秀员工。

12. 惩戒激励

惩戒激励是一种不得不为的反面激励方式。惩戒的作用不仅在于教育其本人,更重要的是能起到教育他人的警示作用,通过适度的外部压力让他们产生趋避意识。惩戒虽然是一种反面的激励,但是不得不为之。因为"怀柔"并不能解决所有的问题。

(五)设计创业企业的组织结构

所谓组织结构设计,是指建立或改造一个组织的过程,即对组织活动和组织结构的设计与再设计。这个过程涉及将任务、流程、权力和责任进行有效的组合和协调。

1. 组织结构设计的程序

企业内部的部门是承担某种职能的载体,按照一定的原则把它们组合在一起,便构成了组织结构。

1)分析组织结构的影响因素,选择最佳的组织结构模式

(1)企业环境:企业面临的环境特点对组织结构的设计有较大的影响。如果企业面临的环境复杂多变,存在较大的不确定性,就需要将更多的经营决策权和随机处理权下放给中下层管理人员,以增强企业对环境变动的适应能力。如果企业面临的环境是稳定的,对生产经营的影响不太明显,则可以将更多的管理权集中在企业领导手里,设计比较稳定的组织结构,实行程序化、规范化管理。

(2)企业规模:一般而言,企业规模小,管理工作量小,其组织结构也相对较为简单;企业规模大,管理工作量大,需要设置的管理机构多,各机构间的关系也相对复杂。可以说,组织结构的规模和复杂性是随着企业规模的扩大而相应增长的。

(3)企业战略目标:企业战略目标与组织结构之间是作用与反作用的关系,有什么样的企业战略目标就有什么样的组织结构,同时企业的组织结构又在很大程度上对企业的战略目标和政策产生很大的影响。企业在进行组织结构的设计和调整时,只有对本企业的战略目标及其特点进行深入的了解和分析,才能正确选择企业组织结构的类型。

(4)信息沟通:信息沟通贯穿于管理活动的全过程,组织结构功能的大小在很大程度上取决于它能否获得信息、能否获得足够的信息以及能否及时地利用信息。

总之,组织结构的设计必须认真研究上述四个方面的影响因素,并与之保持相互衔接和协调,究竟要考虑哪个因素,应根据企业的具体情况而定。一个较大的企业,其整体性的结构模式和局部性的结构模式可以是不同的。例如,在整体上可以是事业部制的结构,在某个事业部内又可以采用职能制的结构。因此,不应该把不同的结构模式对立起来。

2)根据所选的组织结构模式,将企业划分为不同的、相对独立的部门

3)为各个部门选择合适的部门结构,进行组织机构设置

4)将各个部门组合起来,形成特定的组织结构

5)根据环境的变化不断地调整组织结构

2. 组织结构设计的作用

1)合理配置企业各类资源

2)支撑战略目标的实现

3)市场导向,满足客户需要

4）为企业高效运营奠定基础

3. 组织结构设计的原则

在长期的企业组织变革的实践活动中,西方管理学家曾提出过一系列组织设计的基本原则,例如,管理史学家林德尔·厄威克曾比较系统地归纳了古典管理学派泰勒、法约尔、马克斯·韦伯等人的观点,提出了 8 条指导原则:目标原则、相符原则、职责原则、组织阶层原则、管理幅度原则、专业化原则、协调原则和明确性原则。

美国管理学家哈罗德·孔茨等人在继承古典管理学派的基础上,提出了健全组织工作的 15 条基本原则:目标一致原则、效率原则、管理幅度原则、分级原则、授权原则、职责的绝对性原则、职权和职责对等原则、统一指挥原则、职权等级原则、分工原则、职能明确性原则、检查职务与业务部门分设原则、平衡原则、灵活性原则和便于领导原则。

我国的企业在组织结构的变革实践中积累了丰富的经验,也相应地提出了一些设计原则,现可以归纳如下。

1）任务与目标原则

企业组织结构设计的根本目的是实现企业的战略任务和经营目标服务的。这是一条最基本的原则。组织结构的全部设计工作必须以此作为出发点和归宿点,即企业任务、目标同组织结构之间是目的与手段的关系;衡量组织结构设计的优劣,要以是否有利于实现企业任务、目标作为最终的标准。从这一原则出发,当企业的任务、目标发生重大变化时,例如,从单纯生产型向生产经营型、从内向型向外向型转变时,组织结构必须进行相应的调整和变革,以适应任务、目标变化的需要。又如,进行企业机构改革,必须明确从任务和目标的要求出发,该增则增,该减则减,避免单纯地把精简机构作为改革的目的。

2）专业分工和协作的原则

现代企业的管理工作量大,专业性强,分别设置不同的专业部门,有利于提高管理工作的质量与效率。在合理分工的基础上,各专业部门只有加强协作与配合,才能保证各项专业管理的顺利开展,达到组织的整体目标。

3）有效管理幅度原则

由于受个人精力、知识、经验等条件的限制,一名领导人能够有效领导的直属下级人数是有一定限度的。有效管理幅度不是一个固定值,它受职务的性质、人员的素质、职能机构健全与否等条件的影响。这一原则要求在进行组织结构设计时,领导人的管理幅度应控制在一定范围,以保证管理工作的有效性。由于管理幅度的大小同管理层次的多少呈反比例关系,这一原则要求在确定企业的管理层次时,必须考虑有效管理幅度的制约。因此,有效管理幅度也是决定企业管理层次的一个基本因素。

4）集权与分权相结合的原则

企业在进行组织结构设计时,既要有必要的权力集中,又要有必要的权力分散,两者不可偏废。集权是大生产的客观要求,它有利于保证企业的统一领导和指挥,有利于人力、物力、财力的合理分配和使用。而分权是调动下级积极性、主动性的必要组织条件。合理分权有利于基层根据实际情况迅速而正确地做出决策,也有利于上层领导摆脱日常事务,集中精力抓重大问题。因此,集权与分权是相辅相成的,是矛盾的统一。没有绝对的集权,也没有绝对的分权。企业在确定内部上下级管理权力分工时,主要应考虑的因素有:企业规模的大小、企业生产技术的特点、各项专业工作的性质、各单位的管理水平和人员素质的要求等。

5）稳定性和适应性相结合的原则

稳定性和适应性相结合原则要求企业在进行组织结构设计时,既要保证组织在外部环境和企业任务发生变化时能够连续有效地正常运转,又要保证组织在运转过程中能够根据变化了的情况做出相应的变更,组织应具有一定的弹性和适应性。这一原则强调组织在保持稳定性的同时,也要具备适应变化的能力,以确保组织能够应对外部环境的变化和企业内部任务的调整,保持组织的灵活性和生命力。

4. 组织架构类型

企业的组织架构是进行企业流程运转、部门设置及职能规划等最基本的结构依据,常见组织结构形式包括中央集权、分权、直线式以及矩阵式等。

企业的组织架构是一种决策权的划分体系以及各部门的分工协作体系。这种架构需要根据企业的总目标来配置管理要素,确定其活动条件,规定其活动范围,形成相对稳定的科学管理体系。

没有组织架构的企业将是一盘散沙,组织架构不合理会严重阻碍企业的正常运作,甚至导致企业经营的失败。相反,合理的组织架构能够最大限度地释放企业的能量,使组织更好地发挥协同效应,达到"1＋1＞2"的合理运营状态。

不合理的组织架构会导致企业内部信息传导效率降低、失真严重,企业做出的决策低效甚至错误,组织部门设置臃肿,部门间责任划分不清而导致工作中互相推诿、互相掣肘,企业内耗严重等问题。为了解决这些问题,企业需要通过组织架构变革来实现。

1）扁平式结构

学习型管理模式的构建基于彼得·圣吉的五项修炼,是通过大量的个人学习特别是团队学习,形成的一种能够认识环境、适应环境,进而能够能动地作用于环境的有效组织。这种模式强调通过培养弥漫于整个组织的学习气氛,充分发挥员工的创造性思维作用而建立起来的一种有机的、高度柔性的、扁平的、符合人性的、能持续发展的组织。学习型组织为扁平化的圆锥形组织结构,这种组织打破了金字塔式的等级结构,使得管理者与被管理者的界限变得模糊,权力分层和等级差别被弱化,给个人或部门提供了相对自由的空间,有效地解决了企业内部沟通的问题。因此,学习型组织使得企业面对市场的变化时,不再是机械的和僵化的,而是"动"了起来。不过,随着全球经济一体化和社会分工的趋势化,扁平化组织也会遇到越来越多的问题,在不断地分析问题、解决问题的过程中,学习型组织"学习"的本质对人的要求也会越来越高。

2)金字塔型结构

(1)直线制。

直线制是一种最早也是最简单的组织形式。它的特点是企业各级行政单位从上到下实行垂直领导,下属部门只接受一个上级的指令,各级主管负责人对所属单位的一切问题负责。这种组织形式不另设职能机构(可设职能人员协助主管人员工作),一切管理职能基本上都由行政主管自己执行。直线制组织结构的优点是:结构比较简单,责任明确,命令统一。其缺点是:要求行政负责人知晓多种知识和技能,亲自处理各种业务。这在业务比较复杂、企业规模比较大的情况下,把所有管理职能都集中到最高主管一个人身上,显然是难以胜任的。因此,直线制只适用于规模较小、生产技术比较简单的企业,对生产技术和经营管理比较复杂的企业并不适宜。

(2)职能制。

职能制组织结构是各级行政单位除主管负责人外,还相应地设立一些职能机构。如在厂长下面设立职能机构,协助厂长从事职能管理工作。这种结构要求行政主管把相应的管理职责和权力交给相关的职能机构,各职能机构就有权在自己的业务范围内向下级行政单位发号施令。因此,下级行政负责人除了接受上级行政主管的指挥外,还必须接受上级各职能机构的领导。

职能制的优点是能适应现代化工业企业生产技术比较复杂、管理工作比较精细的特点;能充分发挥职能机构的专业管理作用,减轻直线领导人员的工作负担。但其缺点也很明显:妨碍了必要的集中领导和统一指挥,形成了多头领导;不利于建立和健全各级行政负责人和职能科室的责任制,在中间管理层往往会出现有功大家抢,有过大家推的现象;另外,在上级行政领导和职能机构的指导和命令发生矛盾时,下级就无所适从,影响工作的正常进行,容易造成纪律松弛、生产管理混乱的现象。由于这种组织结构形式有明显的缺陷,所以现代企业一般都不采用职能制。

(3)直线一职能制。

直线一职能制,也叫生产区域制或直线参谋制。它是在直线制和职能制的基础上,取长补短,吸取这两种组织结构形式的优点而建立起来的。目前,绝大多数企业都采用这种组织结构形式。这种组织结构形式是把企业管理机构和人员分为两类:一类是直线领导机构和人员,按命令统一原则对各级组织行使指挥权;另一类是职能机构和人员,按专业化原则从事组织的各项职能管理工作。直线领导机构和人员在自己的职责范围内有一定的决定权和对所属下级的指挥权,并对自己部门的工作负全部责任。而职能机构和人员在这种组织结构中扮演着参谋的角色,不能对直接部门发号施令,只能进行业务指导。

直线—职能制的优点是:既保证了企业管理体系的集中统一,又可以在各级行政负责人的领导下,充分发挥各专业管理机构的作用。其缺点是:职能部门之间的协作和配合性较差,职能部门的许多工作要直接向上层领导请示后才能处理,这一方面加重了上层领导的工作量;另一方面也降低了办事效率。为了克服这些缺点,可以设立各种综合委员会,或建立各种会议制度,以协调各方面的工作,起到沟通作用,帮助高层领导出谋划策。

(4)事业部制。

事业部制最早是由美国通用汽车公司总裁斯隆于1924年提出的,故有"斯隆模型"之称,也叫"联邦分权化",是一种高度(层)集权下的分权管理体制。它适用于规模庞大、品种繁多、技术复杂的大型企业,是国外大型联合公司所采用的一种组织形式,近几年我国一些大型企业或公司也引进了这种组织结构形式。事业部制是分级管理、分级核算、自负盈亏的一种形式,即一个公司按地区或按产品类别分成若干个事业部,从产品的设计、原料采购、成本核算、产品制造,直到产品销售,均由事业部及所属工厂负责,实行单独核算、独立经营,公司总部只保留人事决策、预算控制和监督大权,并通过利润等指标对事业部进行控制。也有的事业部只负责指挥和组织生产,不负责采购和销售,实行生产和供销分立,但这种事业部正在被产品事业部所取代。还有的事业部则按区域来划分。

(5)模拟分权制。

这是一种介于直线—职能制和事业部制之间的结构形式。许多大型企业,如连续生产的钢铁、化工企业由于产品品种或生产工艺过程的限制,难以分解成几个独立的事业部。当企业的规模庞大,高层管理者发现采用传统的组织形式难以有效管理时,模拟分权组织结构形式成为一种解决方案。所谓模拟,就是要模拟事业部制的独立经营、单独核算,而不是真正的事业部,实际上是一个个"生产单位"。这些生产单位有自己的职能机构,享有尽可能大的自主权,负有"模拟性"的盈亏责任,目的是要调动其生产经营积极性,达到改善企业生产经营管理的目的。需要指出的是,各生产单位由于生产上的连续性,很难将它们分开。我们以连续生产的石油化工为例,甲单位生产出来的"产品"直接就成为乙生产单位的原料,这当中不需要停顿和中转。因此,它们之间的经济核算,只能依据企业内部的价格,而不是市场价格,也就是说,这些生产单位没有自己独立的外部市场,这也是与事业部的差别所在。

模拟分权制的优点是:除了调动各生产单位的积极性外,还要解决企业规模过大不易管理的问题。高层管理人员将部分权力下放给生产单位,可减少自己的行政事务,从而把精力集中到战略问题上来。其缺点是:不易为模拟的生产单位明确任务,造成考核上的困难;各生产单位领导人不易了解企业的全貌,在信息沟通和决策权力方面也存在明显的缺陷。

(6)矩阵制。

在组织结构上,把既有按职能划分的垂直领导系统,又有按产品(项目)划分的横向领导关系的结构,称为矩阵组织结构。

矩阵制组织是为了改进直线—职能制横向联系差、缺乏弹性的缺点而形成的一种组织形式。它的特点表现在围绕某项任务成立跨职能部门的专门机构上,例如成立一个专门的产品(项目)小组去从事新产品的开发工作,在研究、设计、试验、制造各个不同的阶段,由相关部门派人参加,力图做到条块结合,以协调相关部门的活动,保证任务的完成。这种组织结构形式是固定的,人员却是变动的,需要谁,谁就来,任务完成后就可以离开。项目小组和负责人也是临时组织和委任的。任务完成后就解散,有关人员回原部门工作。因此,这种组织结构非常适用于横向协作和攻关项目。

矩阵组织结构的优点主要体现在其机动性和灵活性,可随项目的开发与结束进行组织或解散;由于这种结构是根据项目组织的,任务清楚,目的明确,各方面有专长的人都是有备而来。因此,在新的工作小组里,小组成员易于沟通、融合,能把自己的工作同整体工作联系在一起,为攻克难关、解决问题而献计献策;它还加强了不同部门之间的配合和信息交流,克服了直线—职能制结构中各部门互相脱节的缺点。

矩阵组织结构的缺点是:项目负责人的责任大于权力,因为参加项目的人员都来自不同的部门,他们的隶属关系仍在原部门,只是临时为特定项目而来。这种人员上的双重管理导致了项目负责人对参与项目的员工管理困难,缺乏足够的激励手段与惩治手段;由于项目组成人员来自各个职能部门,当任务完成以后,他们仍要回原部门,这种临时观念容易对工作产生一定影响。

矩阵组织结构适用于一些重大攻关项目,比较涉及面广的、临时性的、复杂的重大工程项目或管理改革任务。这种组织结构也特别适合以开发与实验为主的单位,例如科学研究,尤其是应用性研究单位等。

(六)绩效管理

绩效是指对应职位的工作职责所达到的阶段性结果及其过程中可评价的行为表现。

绩效管理是指管理者与员工之间就目标与如何实现目标上所达成的共识，通过激励和帮助员工取得良好绩效从而实现组织目标的管理方法。绩效管理的目的在于通过激发员工的工作热情和提高员工的能力和素质，以达到改善公司绩效的效果。

绩效管理首先要解决几个问题：就目标与如何达到目标需要达成共识；绩效管理不是简单的任务管理，它特别强调沟通、辅导和员工能力的提高；绩效管理不仅强调结果导向，而且重视达成目标的过程。

绩效管理所涵盖的内容很多，它所要解决的问题主要包括：如何确定有效的目标？如何使目标在管理者与员工之间达成共识？如何引导员工朝着正确的目标发展？如何对实现目标的过程进行监控？如何对实现的业绩进行评价和对目标业绩进行改进？绩效管理中的绩效和很多人通常所理解的"绩效"不太一样。在绩效管理中，我们认为绩效首先是结果，即做了什么；其次是过程，即是用什么样的行为做的；最后是绩效本身的素质。因此，绩效考核只是绩效管理的一个环节。

绩效管理是通过管理者与员工之间持续不断地进行的业务管理过程，实现业绩的改进，采用的手段为 PDCA 循环，如下图所示。

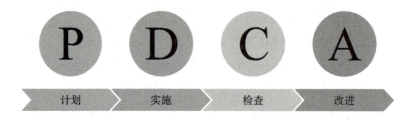

1. 绩效的影响因素

影响绩效的主要因素有员工技能、外部环境、内部条件以及激励效应。员工技能是指员工具备的核心能力，是内在的因素，可以经过培训和开发提高；外部环境是指组织和个人面临的不为组织所左右的因素，是客观因素，我们是完全不能控制的；内部条件是指组织和个人开展工作所需的各种资源，也是客观因素，在一定程度上我们能改变内部条件的制约；激励效应是指组织和个人为达成目标而工作的主动性、积极性，激励效应是主观因素。

在影响绩效的四个因素中，只有激励效应是最具主动性、能动性的因素，人的主动性、积极性提高了，组织和员工会尽力争取内部资源的支持，同时组织和员工技能水平将会逐渐提高。因此绩效管理就是通过适当的激励机制激发人的主动性、积极性，激发组织和员工争取内部条件的改善，提升技能水平进而提升个人和组织绩效。

2. 绩效管理流程

1）制订考核计划

明确考核的目的和对象；选择考核内容和方法；确定考核时间。

2）进行技术准备

绩效考核是一项技术性很强的工作。其技术准备主要包括确定考核标准、选择或设计考核方法以及培训考核人员。

3）选拔考核人员

在选择考核人员时，应考虑的因素：通过培训，可以使考核人员掌握考核原则、熟悉考核标准、掌握考核方法、克服常见偏差；在挑选人员时，通常按照考虑的因素进行挑选。

4）收集信息

收集信息要建立一套与考核体系有关的制度，并采用各种有效的方法来达到。

5）做出评价

确定单项的等级和分值；对同一项目各考核结果的综合；对不同项目考核结果的综合。

6）考核结果反馈

7）考核结果运用

考核结果的运用，也可以说是进入绩效管理的流程。

3. 绩效管理体系

构建完整的绩效管理体系需要融合各种绩效管理工具，如 MBO、BSC、KPI、360°、KPA、KSF 和 OKR。

MBO（目标管理）是一种鼓励组织成员积极参加工作目标的制定，并在工作中实行"自我控制"、自觉完成工作任务的管理方法或管理制度。由于有明确的目标作为考核标准，因此评价员工的工作成果就能够做到更加客观、合理。从学习组织管理开始，最先接触的是 MBO（目标管理），以目标为导向驱动，以成果为标准，让组织和个人取得优秀业绩的管理方法。确定工作目标，利用有效的管理办法确保目标达成和交付结果。

BSC（平衡计分卡）作为一种战略绩效管理及评价工具，主要从财务角度、客户角度、内部流程角度和学习与成长角度这四个方面来衡量企业绩效。财务指标是企业最终追求的目标，也是企业存在的根本物质保证；要提高企业的利润水平，必须以客户为中心，满足客户需求，提高客户满意度；要满足客户，必须加强自身建设，提高企业内部的运营效率；提高企业内部效率的前提是企业及员工的学习与成长。也就是说，这四个方面构成一个循环，从四个角度解释企业在发展中所需要满足的四个因素，并通过适当的管理和评估促进企业发展。而当某一个循环结束后，企业又会面临新的战略目标，开始新的成长，新的循环。可以说利润策略、客户策略、内部行为策略、学习策略基本囊括了一般企业在发展中的几个关键因素。

KPI(key performance indicator,关键绩效指标)就是对企业运作过程关键成功要素(critical success factors,CSF)的提炼和归纳。

360°评价又称多渠道评价,是指通过收集与受评者(主要是管理者)有密切工作关系的来自不同层面的人员的评价信息,来全面评价受评者的工作行为与表现。360°评价方式不同于传统的自上而下的评价方式,其中评价者不仅包括受评者的上级主管,还包括受评者的同事、下级和客户,同时还包括受评人的自评。360°评价会将评价结果反馈给受评者。

KPA(key performance affair,关键绩效事件)来源于目标、任务、上级要求、客户要求和本岗位职责,没有愿景、战略、目标绩效考核同样可以进行,较为符合目前国内企业的经营管理现状。

KSF(关键成功因素)是一种用于激活员工内在潜力、提高员工收入、激发员工创造力的员工价值管理工具,适用于中小微型企业。

这六种绩效管理体系可以做到优势互补,比如目标管理能够对关键绩效指标的总体目标进行分解,确保各级员工明确自己的工作目标和方向;平衡计分卡能够有效地弥补目标管理中可能出现的目标丢失问题,同时对关键绩效指标进行更为精细的管理和评估;关键绩效指标对目标管理和平衡计分卡所设定目标的关键部分有准确把握;360°评价能确保信息充分,提高评价效度,有助于绩效开发与改进。

OKR(objectives and key results)是一个企业战略—目标—任务体系,能够帮助企业从战略目标出发,识别和落实关键任务。OKR的重要价值是让尽量多的员工理解公司的战略和目标,以及针对这个目标分析出有哪些拦路虎(关键任务)存在。

1)OKR的制定规则

首先看"O"怎么制定,"O"是我们想要实现的目标,它通常是定性的、鼓舞人心的,要求通俗易懂,描述"O"时常以动词开头,如实现、打造、推出等。

案例

在10月底前发布源目标OKR企业微信版 VS 在10月底前着手企业微信版的发布事项;打造一款每个职场人都知道的OA产品 VS All in SaaS领域的下沉市场,攻取用户心智,实现产品客户双向赋能。

对比以上两种描述方式,第一个案例后者的描述方式不够挑战,内容不够明确;第二个案例后者的描述方式过于复杂、难懂。

再看"KR"怎么制定,首先我们要明确"KR"是为了达成"O"所需要完成的关键任务,它通常是定量的,要求符合 SMART 原则,如下图所示。

案例

降低客户流失率至 20% VS 提升品牌价值;净利润同比提升 100% VS 净利润同比提升 800%。

对比以上两种描述方式,第一个案例后者的描述方式不易衡量,内容不够明确;第二个案例后者的描述不可能实现。

除此之外,一个好的"KR"还应该有效链接组织内部,实现上下左右对齐,如下图所示。

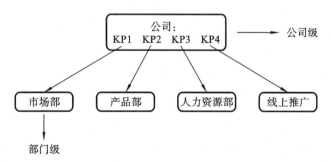

制定好 OKR 后,我们还要检测它的正确性,检验技巧包括:"O"(目标)的数量最多不超过 5 个,并且每个"O"都有相应的"KR"(关键结果)与之对应;如果在描写"O"的时候超过了 2 行,它可能就是不清晰的;拒绝行业黑话,制定的目标要"一看就懂,不模棱两可",把你的 OKR 拿给其他部门的同事看,如果看不懂,请重新编辑;使用真实日期,截止日期不应该是周期最后一天;确保"KR"是可度量的,或是描述过程的;确保度量指标是清晰的;确保需要

横向协调的OKR在每个支撑团队都已制定相应的"KR"。

2）OKR的制定流程

OKR的制定周期,由大到小:以公司级的OKR来举例,需要先设定好年度OKR,再设定一个小周期的OKR,如季度OKR或双月OKR。

OKR的制定层级,由高到低:公司级;部门级;个人级。

课中实训

实训一　选择合伙人

（一）制订选择合伙人的计划

学生小组根据前期选定的创业项目的要求,分析合伙的目的,制定合伙人的选择标准,明确寻找合伙人的途径等,并将相关要点填入下表。

研究目标	研究成果
合伙的目的	
合伙人的选择标准	
寻找合伙人的途径	
合伙方式	
备注	

（二）设计合伙方式

学生小组根据合伙人的选择计划,设计合伙方式,并将每种合伙方式的具体方案填入下列表格中。

研究目标	研究成果
完全均等模式	
管理强化合伙模式	
完全差异化合伙模式	
第三方管理模式	
备注	

实训二　打造高效创业团队

(一)创业团队 SWOT 分析

学生小组对创业团队进行 SWOT 分析,并填写下表。

研究目标	研究成果	备注
优势		
劣势		
机会		
威胁		

(二)团队小组成员个人能力分析

学生小组通过对小组成员的分析,思考如何将个人能力与创业企业相结合,请整理出具体内容并填入下表。

研究目标	研究成果	
确定共同目标		
分配团队成员角色	成员1:	成员2:
	成员3:	成员4:
团队成员技能分析	成员1主攻技能:	成员1辅助技能:
	成员2主攻技能:	成员2辅助技能:
	成员3主攻技能:	成员3辅助技能:
	成员4主攻技能:	成员4辅助技能:
团队成员劣势分析	成员1:	成员2:
	成员3:	成员4:
建立奖惩机制	奖励机制:	
	惩罚机制:	
培养互信精神		

(三)企业组织结构设计

通过前面企业组织结构的学习,再根据企业组织结构设计的类型,请以小组形式设计本企业的组织结构并填入下表。

研究对象	研究目标
直线制	
职能制	
直线－职能制	
事业部制	
模拟分权制	
矩阵制	

复盘反思

1. 知识梳理：通过"认识创业团队"的学习，请分析创业团队和一般团队的差别。

2. 知识梳理：通过"组建创业团队"的学习，请画出组建创业团队的流程图。

3. 方法反思：在完成本项目学习和实训的过程中，你学会了哪些分析和解决问题的方式。

4. 践行反思：在完成本项目学习和实训的过程中，你认为自己还有哪些地方需要改进和提升的？

课后提升

【案例一】腾讯五虎将

16年前的秋天,马化腾与他的同学张志东"合资"注册了深圳腾讯计算机系统有限公司。之后又吸纳了曾李青、许晨晔、陈一丹三位股东。据说这五个创始人的QQ号是从10001到10005。为避免彼此争夺权力,马化腾在创立腾讯之初就和四个伙伴约定清楚:各展所长、各管一摊。马化腾是CEO(首席执行官),张志东是CTO(首席技术官),曾李青是COO(首席运营官),许晨晔是CIO(首席信息官),陈一丹是CAO(首席行政官)。之所以将腾讯的创业五兄弟称之为"难得",是因为直到2005年的时候,这五人的创始团队还基本是保持这样的合作形式。直到腾讯公司做到如今的帝国局面,只有COO曾李青挂着终身顾问的虚职而退休,其他四个还在公司一线。

都说一山不容二虎,尤其是在企业迅速壮大的过程中,要保持创始人团队的稳定合作尤其不容易。在这个背后,工程师出身的马化腾从一开始对于合作框架的理性设计功不可没。

从股份构成上来看,五个人一共凑了50万元,其中马化腾出了23.75万元,占47.5%的股份;张志东出了10万元,占20%的股份;曾李青出了6.25万元,占12.5%的股份;其他两人各出了5万元,各占10%的股份。

虽然主要资金为马化腾所出,他却自愿把所占的股份降到一半以下(47.5%)。他说:"要他们的总和比我多一点点,不要形成一种垄断、独裁的局面。"同时,马化腾又一定要出主要的资金,占大股。他认为:"如果没有一个主心骨,股份大家平分,到时候也肯定会出问题,同样完蛋"。

保持稳定的另一个关键因素就在于,搭档之间的"合理组合"。据《中国互联网史》作者林军回忆说,"马化腾非常聪明,也非常固执,注重用户体验,愿意从普通用户的角度去看产品。张志东是一个脑袋非常活跃、对技术很沉迷的人。马化腾技术也非常好,但是他的长处是能够把很多事情简单化,而张志东更多的是把一件事情做到完美。"

许晨晔与马化腾、张志东都是深圳大学计算机系的同学。许晨晔是一个非常随和且有自己的观点,但不轻易表达的人,是有名的"好好先生"。而陈一丹是马化腾在深圳中学时的同学,后来也就读于深圳大学,他是一个十分严谨同时又是非常张扬的人,他能在不同的状态下点燃起大家的激情。

如果说其他几位合作者都只是"搭档级人物"的话,则曾李青是腾讯五个创始人中最好玩、最开放、最具激情和最有感召力的一个,与温和的马化腾、爱好技术的张志东相比,他是另一种类型。其大开大合的性格，也比马化腾更具备攻击性，更像拿主意的人。或许正是这一点，导致他最早脱离了团队，单独创业。

后来，马化腾在接受多家媒体的联合采访时承认，他最开始也有过和张志东、曾李青三个人均分股份的想法，但最后还是采取了五个人的创业团队，根据分工占据不同股份结构的策略。即便后来有人想加钱、占更大的股份，马化腾也说："根据我对你能力的判断，你不适合拿更多的股份"。因为在马化腾看来，未来的潜力要和应有的股份匹配，不匹配就要出问题。如果拿大股的不干事，干事的股份又少，矛盾就会发生。当然，经过几次稀释，最后他们上市所持有的股份比例只有当初的 1/3，但即便是这样，他们每个人的身价还是达到了数十亿元人民币，是一个皆大欢喜的结局。

可以说，在中国的民营企业中，能够像马化腾这样，既包容又拉拢，选择性格不同、各有特长的人组成一个创业团队，并在成功开拓局面后还能依旧保持着长期的默契合作，是很少见的。而马化腾的成功之处就在于，其从一开始就很好地设计了创业团队的责、权、利。能力越大，责任越大，权力越大，收益也就越大。

项目五　商业模式的设计与创新

学习目标

1. 了解商业模式的意义和含义；
2. 理解商业模式设计与创新的方法和基本原则；
3. 掌握商业模式设计和创新的方法，学会设计商业模式。

思维导图

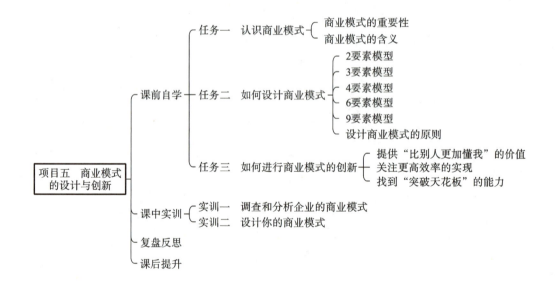

> 课前自学

任务一　认识商业模式

(一)商业模式的重要性

想要创业,寻求好的项目就成了必然,然而,好的项目的演变与发展也离不开好的商业模式。

管理学大师彼得·德鲁克说:当今企业之间的竞争,不是产品之间的竞争,而是商业模式之间的竞争。著名经济学家郎咸平也说:商业模式是关系到企业生死存亡、兴衰成败的大事。企业要想获得成功,就必须从制定成功的商业模式开始,成熟的企业是这样,新的企业是这样,发展期的企业更是如此,商业模式是企业竞争制胜的关键,是商业的本质。

商业模式是一个企业得以运转的底层逻辑和商业基础,如果没有弄清楚企业的商业模式就开始运作,那就是无本之木,无源之水。完善的商业模式可以让企业更加科学、合理、有的放矢地去运营。

商业模式是一个企业的基石和内在价值,如果一个企业没有弄明白自己的商业模式是什么,一直靠外在的资本注入而运作,那就相当于这个企业还没有断奶,没有自力更生的生存能力,这在竞争激烈的商业市场上是没有生存空间的,更别提持续盈利。

所以商业模式是企业健康发展的根本前提,是企业最高级别的竞争方式,对于任何一个想要长久发展的公司都是缺一不可的。

比如以下三个场景,也是我们日常生活和工作中经常会遇到的,他们都需要建立自己的商业模式。

1. 中小创业者——刚开始创业,根本没有商业模式这个意识

初创企业的日常活动不同于成熟企业。初创企业的主要活动应该是探索,而不是执行。在一切尚不明确的时候,一味地强调执行,带来的可能是在错误的方向上越走越远,花完所有投资金,用执行验证错误的假设后,结束短暂的创业之旅。

所以,初创企业早期应该花时间去探索商业模式。只有明确了自己的商业模式,搞清楚了自己要做什么以及怎么做,才能尽量降低自己贸然烧钱的风险和试错成本。

2. 成熟企业——不明确自身已有的商业模式

成熟企业,无论规模如何、所处哪一个发展阶段,已经有一些成熟的商业活动和稳定的业务。也就是说,其商业模式已经客观存在,但是企业没有意识到商业模式的存在,这类企业就需要用专业的商业模式理论来梳理出自己的商业模式框架,从之前模糊的误打误撞式的运作方式变为科学合理的、有目的的、有规划的商业行为。

3. 转型企业——之前的商业模式已经不适合现阶段的发展

传统企业在互联网企业的冲击下,随着市场的快速变化、科技的发展、消费者消费模式的改变、各种跨界竞争对手的出现,传统企业沿袭多年的商业模式正面临着被颠覆、被淘汰的危险,急需转变思维,探索新的商业模式。而当下很多企业家都没有意识到或足够重视这种危机,因为现代企业的竞争,已从产品竞争、品牌竞争上升到商业模式竞争。

总之,好的商业模式在今天拥有很多有利的条件,好的商业模式自带光环和能量,这就足以吸引资金的追逐、人才的效力、客户的热捧。

并且,商业模式不是一成不变、一劳永逸的,任何商业模式都是阶段性的。很多时候也不是一下子能设计出来的,都是在过程中不断完善、微创新、逐步成熟的。否则,再好的商业模式,如果长期保持不变,也必然会失去优势。因为企业发展到一定规模,制约其发展的不仅仅是人才、技术、管理、资金等要素,更重要的是商业模式的选择。

(二)商业模式的含义

1. 商业模式的定义

20 世纪 90 年代起,随着互联网和新兴产业的发展,"商业模式"这一概念开始引起商业界的关注,它不仅影响着人们的日常生活,还驱动了创新创业发展的国家战略。由于商业模式自身的特殊性与复杂性,所以商业模式的定义并没有统一。为了弄清楚商业模式的真正定义,我们翻阅了大量的文章和资料,找到了十几种不同的表述,最终去粗取精总结出了一个我们最认同的版本。

商业模式是指为实现各方价值最大化,把能使企业运行的内外各要素整合起来,形成一个完整的、高效率的、具有独特核心竞争力的运行系统,并通过最好的实现形式来满足客户需求、实现各方(包括客户、员工、合作伙伴、股东等利益相关者)价值,同时使系统达成持续赢利目标的整体解决方案。

如果用一句话来阐述,可用布鲁斯·巴林杰和杜安·爱尔兰在《创业学:成功创建新企业》（第 6 版）一书中提到的"商业模式是企业为其利益相关者创造、传递和获取价值的计划或方法"来理解。

2. 商业模式的核心逻辑

为了让大家能更直观地理解这个事情，我们采用以下图片来说明。

通过以上图片可用看到，商业模式的核心部分（创造价值、传递价值、获取价值）是三个环环相扣的闭环，三者缺一不可，少了任何一个，都不能形成完整的商业模式。

- 创造价值是基于客户需求，提供解决方案；
- 传递价值是通过资源配置、活动安排来交付价值；
- 获取价值是通过一定的盈利模式来持续获取利润。

一种成熟的商业模式背后都会潜藏着一定的商业要素，任何人在操作过程中，只有匹配了这些要素，才能够确保创业成功，从而形成机制。

这些商业要素不仅是每一个需要用到的人要弄明白的问题，也是决定商业模式是否成立的关键因素，乃至能否打动投资人。

任务二　如何设计商业模式

一种成功的商业模式，可以帮助企业更高效地赢得市场竞争，实现快速增长。比如 Uber、滴滴，几乎不拥有出租车，却是市场上最大的出租车公司。比如 airbnb，几乎不拥有任何一家酒店，却是全球最大的酒店出租方，比任何一家酒店连锁集团都大。再比如阿里巴巴，淘宝上卖的大部分商品都不属于阿里巴巴，但是不妨碍阿里巴巴成为全国最大的电商平台。这些公司连产品都没有，它们就靠纯粹的商业模式赚钱。这就是商业模式的力量。

那么，一种成功的商业模式包括哪些要素呢？商业模式设计的流程又是怎样的？下面通过介绍 2、3、4、6 和 9 这五个要素模型，来学习如何设计商业模式。

(一) 2要素模型

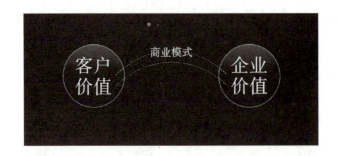

什么是2要素模型？商业模式基本的表述就是，我们要发明一种交易结构，这种交易结构首先要让客户获得价值，然后企业也要获得价值。这样一来，这种商业模式就成立了。这是较朴素、简单的商业模式，也是第一性原理的体现：创造价值并从中获得利润，这意味着企业必须不断地开发和提供有价值的产品或服务，找到一种有效的方式来销售这些产品或服务，以便在销售额超过成本时获得利润。此外，交易结构还涉及管理资源、降低成本、提升效率和不断创新以保持竞争优势。这些是商业成功的关键，可以应用于任何类型的企业，无论是小型企业还是跨国公司。所以，有了后面不断迭代和升级的模型。

(二) 3要素模型

什么是3要素模型？3要素模型的意思是，任何一种商业模式都要研究至少3个问题。

第1个问题，你为什么人提供什么价值？可能会有人认为这个问题有点虚，会说，为客户提供的一切都是有价值的。或者有的以客户为中心的企业会说，客户需要的，就是我们要提供的，我们要为客户提供一切需要的价值。其实，这些都不是你给客户提供的价值。那什么才是？比如，你开了一个瑜伽馆，你给客户提供练习瑜伽的服务。这是你提供的价值。

第2个问题，凭什么是你？沿用上例，你的瑜伽馆生意还不错，可为什么是你开得不错呢？别人不行吗？是因为你恰好找到了一个很多人想练瑜伽、潜在客户特别多的地方吗？还是因为你的瑜伽教练非常专业？抑或是因为你有独特高效的运营方法？总之，你一定有一种独特的资源能力，才能把你的瑜伽馆开得还不错。这个能力，只有你自己能回答。

第3个问题,你的钱从哪里来?或者说,你的利润从哪里来?如果前面2个问题回答好了,这个问题反而最好回答。如上例中,因为你独特的能力,喜欢瑜伽的人爱来你这里练习,自然会付钱给你,水到渠成。所以,要想赚钱,你必须回答前面2个问题,然后才有机会回答第3个问题。很多人默认商业模式就是盈利模式。但是看到3要素模型之后,你就能明白,盈利模式只是商业模式里的一部分,最重要的反而是前面2个问题。这就是3要素模型。

(三)4要素模型

4要素模型如下图所示。

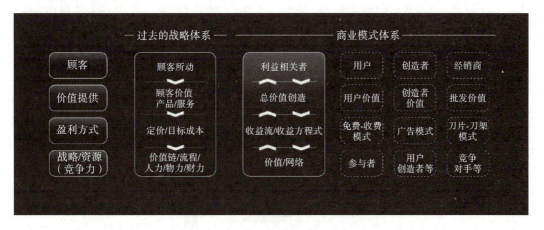

什么是4要素模型?4要素模型是日本早稻田大学商学院客座教授三谷宏治在他的著作《商业模式全史》中提出的。4要素分别是什么呢?主要回答以下4个问题。

(1)你的客户是谁?

(2)你给客户提供什么价值?

(3)你是怎么盈利的?

(4)你的核心竞争力是什么?

对应的4个要素就是顾客、价值提供、盈利方式、战略/资源。和3要素模型基本一样,只是把3要素模型里的客户价值(你为什么人提供什么价值)分别拆成了客户(顾客)和价值(价值提供)。

但是4要素模型真正的价值不是把3要素模型拆成4要素模型,而是提出了一个总价值创造的概念。什么叫总价值创造?就是不应该只关注你的客户,还应该关注你的供应商、你的渠道、你的门店,你必须让所有这些利益相关者都能获得价值。

举一个例子。过去,100斤花生能榨25斤花生油。当改进压榨工艺后,在品质不变的前提下,能榨40斤花生油。过去的25斤与现在的40斤之间多出来的15斤花生油,是多创造出来的价值。那如何让合作伙伴、消费者也获得价值呢？你可以从这多出来的 15 斤花生油中拿出 5 斤分给消费者。换句话说,消费者用同样的价格,可以买到 30(25＋5)斤花生油了。他们会非常高兴地从竞争对手那里脱离出来转而投奔你的怀抱。然后,你把另外 5 斤花生油分给合作伙伴,合作伙伴也非常高兴。这样就有更多的人愿意帮你卖花生油了。还有 5 斤花生油呢？留给你自己,这是你应得的部分。也许有人会说,这不是总价值创造,这是把你自己创造的价值(15 斤花生油)分给了消费者(5 斤)和合作伙伴(5 斤)而已。其实不然,因为更多的消费者来找你买,合作伙伴销售越多,你赚得也越多。这时,如果你原来每年卖 3 吨花生油,现在就有可能卖 30 吨或 300 吨。这种商业模式才做到了总价值创造,或者叫全局性增量。这就是 4 要素模型。

(四)6 要素模型

6 要素模型是魏炜、朱武祥教授在其《发现商业模式》一书中提出的一种模型。什么是商业模式？商业模式就是利益相关者的交易结构。为了更直观地了解它,可参考下面的简单运行图。

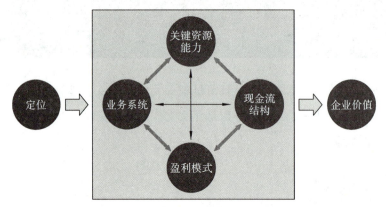

6 要素模型中的第一要素是什么？定位。什么是定位？你给客户提供什么价值,这就是定位。有了定位之后,你就必须构建一个业务系统去做这件事。在构建业务系统的过程中,首先利用你的关键资源能力、你的核心竞争力;然后梳理出你的现金流结构,完成你的盈利模式;最终实现企业价值。具体如下。

定位:企业要想在市场中获得胜利,首先必须明确自身的定位。定位就是企业应该做什么,定位决定了企业应该提供什么样的产品和服务来实现客户的价值。定位是企业战略选择的结果,也是商业模式体系中其他有机部分的起点。

业务系统:商业模式的核心组成部分,涉及企业达成定位所需要的业务环节、各合作伙伴扮演的角色以及利益相关者合作与交易的方式和内容。

关键资源能力：让业务系统运转所需要的重要资源和能力。

盈利模式：企业如何获得收入、分配成本、赚取利润。盈利模式是在给定业务系统中各价值链所有权和价值链结构已确定的前提下，利益相关者之间利益分配中企业利益的表现。

现金流结构：企业在经营过程中产生的现金收入扣除现金投资后的状况，其贴现值反映了采用该商业模式的企业的投资价值。不同的现金流结构反映了企业在定位、业务系统、关键资源能力以及盈利模式等方面的差异，体现了企业商业模式的不同特征，还影响了企业成长速度的快慢，决定了企业投资价值的高低、企业投资价值递增的速度以及受资本市场青睐的程度。

企业价值：企业的投资价值，是指企业预期未来可以产生的自由现金流的贴现值。企业价值是评判企业商业模式优劣的标准。

商业模式的这6个要素是相互作用、相互决定的：相同的企业定位可以通过不同的业务系统实现；相同的业务系统也可以有不同的关键资源能力、不同的盈利模式和不同的现金流结构。

例如，业务系统相同的家电企业，有些企业可能擅长制造，有些企业可能擅长研发，而有些企业则可能更擅长渠道建设；同样是门户网站，有些是收费的，而有些则不直接收费，等等。商业模式的构成要素中只要有一个要素不同，就可以视为不同的商业模式。

一种能对企业各个利益相关者有贡献的商业模式需要企业家反复推敲、实验、调整和实践。而通过在合理的时机调整商业模式的这6个要素，企业可以重构商业模式，以适应发展变化或为进入发展瓶颈期的企业重塑活力。

(五) 9 要素模型

9要素模型如下图所示。

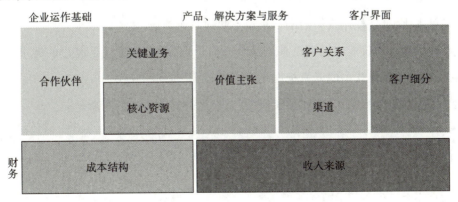

下面我们介绍9要素模型。9要素模型是亚历山大·奥斯特瓦德、伊夫·皮尼厄在他们的《商业模式新生代》一书中提出的模型。什么是9要素模型？简单来说，就是回答9个问题。

(1) 目标客户是谁？如何细分？（客户细分）

(2) 你和客户的关系是什么样的？（客户关系）

(3) 你通过什么渠道找到这些客户？（渠道）

(4) 你为客户提供什么价值？（价值主张）

(5) 你通过什么关键业务给客户提供价值？（关键业务）

(6) 你的核心资源是什么？专利？人才？土地？（核心资源）

(7) 你的合作伙伴都有谁？（合作伙伴）

(8) 你的收入来源是什么？（收入来源）

(9) 你的成本结构是什么？（成本结构）

前4个问题就是3要素模型里的客户价值；第5个、第6个、第7个问题就是3要素模型里的资源能力；而最后2个问题就是3要素模型里的盈利方式。这就是9要素模型。

这也是我们设计商业模式的一种思维管理工具——商业模式画布。商业模式画布是通过一套严谨务实的系统化分析流程和工程化设计步骤来确保最终设计方案的科学性和有效性的。商业模式画布是通过科学的工具和正确的方法进行分析和拆解，再进行多次整合优化后得出的结果。

商业模式画布能够帮助创业者理清创业思路，不胡乱猜测，降低项目风险，确保创业者找到真正的目标客户群体，进而合理解决问题的一种思维管理工具。

商业模式画布能够帮助团队催生创意、减少猜测、找对目标客户、合理解决问题，能够让商业模式可视化，可以使用统一的语言讨论不同的商业领域。

商业模式画布不仅能够提供更多灵活多变的计划，而且容易满足客户的需求。更重要的是，它可以将商业模式中的元素标准化，并强调元素间的相互作用。

这9个要素又是相互作用、相互关联的，它们之间的关系如下图所示。

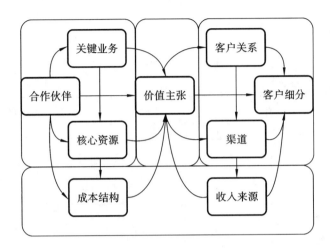

理解每个模块的含义以及相互关系之后,就可以按照特定的流程,利用商业模式画布来设计出专属于自己企业的商业模式了。接下来我们详细分解一下各个模块的定义。

1. 价值主张

你为客户提供什么价值？帮助客户解决什么根本性问题？

商业模式画布	价值主张
价值主张 你为客户提供什么价值？帮助客户解决什么根本性问题？	我们该向客户传递什么样的价值？ 我们正在帮助客户解决哪一类难题？ 我们正在满足哪些客户需求？ 我们正在给客户细分群体提供哪些系列的产品或服务？
价值主张是客户由一个公司转向另一个公司的原因。	价值主张通过迎合细分群体需求的独特组合来创造价值。价值可以是定量的（价格、服务速度）或定性的（设计、客户体验）： · 新颖；　　　　　　· 价格； · 性能；　　　　　　· 成本削减； · 定制化；　　　　　· 风险抑制； · 把事情做好；　　　· 可达性； · 设计；　　　　　　· 便利性/可用性 · 品牌/身份地位

2. 客户细分

目标客户是谁？

商业模式画布		客户细分
客户细分 目标客户是谁？	我们正在为谁创造价值？ 谁是我们最重要的客户？	
客户群体体现为独立的客户细分群体，如： ·需要提供明显不同的产品来满足客户需求； ·客户群体需要通过不同的分销渠道来接触； ·客户群体需要不同类型的关系； ·客户群体的盈利（收益性）能力有明显不同的区别； ·客户群体愿意为产品的不同方面付费	客户细分群体的不同类型： ·大众市场； ·利基市场（指向那些被市场中的统治者/有绝对优势的企业忽略的某些细分市场）； ·区隔化市场； ·多元化市场； ·多边平台或多边市场	

3. 核心资源

什么核心资源可以保证所有商业行为的执行和落实？

商业模式画布		核心资源
核心资源 什么核心资源可以保证所有商业行为的执行和落实？	我们的价值主张需要什么样的核心资源？ 我们的渠道需要什么样的核心资源？ 我们的客户关系呢？收入来源呢？	
每种商业模式都需要核心资源，这些资源能使企业组织创造和提供价值主张、接触市场、与客户细分群体建立关系并赚取收入。	核心资源可以分为以下几类： ·实体资产； ·知识资产； ·人力资源； ·金融资产	

4. 关键业务

需要做哪些关键性的事情才能使产品和服务正常运行？

商业模式画布	关键业务
关键业务 需要做哪些里关键性的事情才能使产品和服务正常运行？	我们的价值主张需要哪些关键业务？ 我们的渠道需要哪些关键业务？ 我们的客户关系呢？收入来源呢？
正如核心资源一样，关键业务也是创造和提供价值主张、接触市场、维系客户关系并获取收入的基础。	关键业务可以分为以下几类： ·制造产品； ·问题解决； ·平台/网络

5. 渠道

通过什么方式和途径将产品与服务触达客户，并让客户为之买单？

商业模式画布	渠道
渠道 通过什么方式和途径将产品与服务触达客户，并让客户为之买单？	通过哪些渠道可以接触我们的客户细分群体？ 我们现在如何接触他们？我们的渠道如何整合？ 哪些渠道最有效？哪些渠道成本效益最好？ 如何把我们的渠道与客户的例行程序进行整合？
我们可以区分直销渠道和非直销渠道，也可以区分自有渠道和合作伙伴渠道。 自有渠道　合作伙伴渠道 直销渠道　非直销渠道 销售队伍　自有店铺 在线销售　合作伙伴店铺 　　　　　批发商	渠道有以下5个不同的阶段： 1.认知：我们如何在客户中提升其对公司产品和服务的认知？ 2.评估：我们如何帮助客户评估公司的价值主张？ 3.购买：我们如何协助客户购买特定的产品和服务？ 4.传递：我们如何把价值主张传递给客户？ 5.售后：我们如何提供售后支持？

6. 客户关系

通过什么方式或机制保证产品/服务与客户拥有长期的利益关系？

商业模式画布	客户关系
客户关系 通过什么方式或机制保证产品/服务与客户拥有长期的利益关系？	每个客户细分群体希望我们与之建立和保持何种关系？ 哪些关系我们已经建立了？这些关系成本如何？ 如何把它们与商业模式的其余部分进行整合？
企业应该明白与每个客户细分群体建立的关系类型。客户关系范围可以从个人到自动化。客户关系可以通过以下几种动机所驱动： ·客户获取； ·客户维系； ·提升销售额（追加销售）	客户关系的不同类型： ·个人助理； ·专用个人助理； ·自助服务； ·自动化服务； ·社区； ·共同创作

7. 合作伙伴

需要和哪些上下游重要企业进行重度合作？

商业模式画布	合作伙伴
合作伙伴 需要和哪些上下游重要企业进行重度合作？	谁是我们的重要合作伙伴？谁是我们的重要供应商？ 我们正在从合作伙伴那里获取哪些核心资源？ 合作伙伴执行哪些关键业务？
合作关系分为以下4种： ·在非竞争者之间的战略联盟关系； ·在竞争者之间的战略合作关系； ·为开发新业务而构建的合作关系； ·为确保可靠供应的购买方—供应商关系	以下3种动机有助于创建合作关系： ·商业模式的优化和规模经济的运用； ·风险和不确定性的降低； ·特定资源和业务的获取

8. 成本结构

商业运作中包含哪些成本消耗？

商业模式画布	成本结构
成本结构 商业运作中包含哪些成本消耗？	什么是商业模式中最重要的固定成本？ 哪些核心资源花费最多？ 哪些核心业务花费最多？
在确定关键资源、关键业务与重要合作伙伴后，成本可以相对容易计算出来。 成本驱动型与价值驱动型。	·价值驱动：增值型价值主张和高度个性化服务。 ·成本驱动：侧重于在每个地方尽可能地降低成本。 　·固定成本； 　·可变成本； 　·规模经济； 　·范围经济

9. 收入来源

我们的主要收入来源是什么？

商业模式画布	收入来源
收入来源 我们的主要收入来源是什么？	什么样的价值能让客户愿意付费？ 客户现在在付费买什么？ 客户是如何支付费用的？ 客户更愿意如何支付费用？ 每种收入来源占总收入的比例是多少？
如果客户是商业模式的心脏，则收入来源就是动脉。 ·通过客户一次性支付获得的交易收入； ·经常性收入来自客户为获得价值主张与售后服务而持续性支付的费用	可以获取收入的方式： ·资产销售； ·使用收费； ·订阅收费； ·租赁收费； ·授权收费； ·经纪收费； ·广告收费

商业模式画布的价值就在于：它准确地告诉你，只要思考完这9个问题，你的商业模式就应该是理性的、思考全面的。

以上就是商业模式里的2、3、4、6、9要素模型。虽然要素从2个变成3个、变成4个、变成6个、变成9个，看起来越来越复杂，但其实是越来越精细。回到最开始的问题，到底什么是商业模式？商业模式就是利益相关者的交易结构。作为企业家，对自己的企业也想创新商业模式，那么笔者认为，商业模式的核心在于创造总价值和全局性增量。一切商业模式都必须有全局性增量。最后，笔者建议你问自己2个问题。

(1)我为什么人提供什么价值？

(2)凭什么是我？

回答完这2个问题，笔者期待第3个问题"你的钱从哪里来？"的答案，非常自然，水到渠成。

(六)设计商业模式的原则

1. 搜集资料尽量详尽

在制定商业模式的时候，搜集资料是必经的一个环节。在搜集资料的过程中，应该尽量详尽，不要漏掉看似很小的信息，因为很多巨大的商业机会可能就潜藏在看似很小的信息中。

2. 不要被固有的观念和逻辑框住

在现今的互联网时代，很多"独角兽公司"之所以发展迅猛，甚至跨界"打劫"，就是因为创造出了不同以往的商业模式。而这种创新的商业模式之所以会诞生，就是抛开了以往固有的观念和逻辑，去掉了习惯思维的枷锁和束缚。所以，要想创造出独特的商业模式，抛开束缚、大胆想象是一个基本前提。

3. 切记不要轻易否定

对任何一个创新的概念和想法都不要轻易否定，运行最小试错原理，小步快跑，用最小的成本换取最大的回报。创业阶段公司规模小且灵活，是应用这种方法的最好时期，很多商业模式不是画出来的，是试出来的。只有真正走了一遍流程，才能知道现实中是否可行，所以不要轻易否定和放弃看似不乐观的创意，实践才是检验真理的唯一标准。

任务三　如何进行商业模式的创新

在所有的创新中,商业模式的创新属于企业最本源的创新。离开良好的商业模式,其他的管理创新、技术创新都将失去可持续发展的可能和盈利的基础。

过去十年,众多互联网企业的异军突起让"商业模式"成为一个炙手可热的词汇。年轻、飞速增长、天花板高成为阿里巴巴、字节跳动、小米这些企业共同的标签,这些企业的成功被认为是商业模式创新的成功,其发展速度被认为是商业模式带来的成长潜力。我们看到了商业模式创新释放出的巨大的商业价值和力量,然而,很多人依然对如何进行商业模式设计一头雾水。浙江大学管理学院创新创业与战略学系主任郭斌教授(《商业模式创新》)拆解了商业模式的核心构成要素、底层逻辑和战略顶层思维,为商业模式创新者提供了一条清晰的指引路径。

(一)提供"比别人更加懂我"的价值

商业模式本质上是"通过满足需求来实现价值的变现",如果价值设计出现了问题,那么变现就变成了无源之水。在进行商业模式创新时,如何理解"价值"就成为一个关键性的问题。

1. 找准 who 和 what

"价值"不是由提供者决定的,而是由受众决定的。甲之蜜糖,乙之砒霜,不同群体对价值的理解有可能存在明显差异。因此,找准你的价值提供对象(who)及其真正的价值需求(what)非常必要。商业模式中的价值更偏向于一种感知价值。例如,零度可口可乐和东方树叶最早站在了"健康生活"风口,多年来一直不温不火,少有存在感。这是因为年轻人想要喝健康无糖的饮料,但也拒绝寡淡无味的饮料,而"没味道"的健康饮料并没有准确抓住年轻人的消费需求。元气森林则准确地定位了消费者的消费需求,用"赤藓糖醇"替代"阿斯巴甜",推出了平衡健康和口味的饮料。

2. 关注未被满足的需求

用户的选择浩如烟海,商业模式如果不能展现自身的独特性,就会像无力的音符一样淹没在大片的背景噪声之中。企业获得竞争优势的基础是差异化,只有提供差异化的价值,企业才能够更有效地吸引目标客户群体。成功的商业模式几乎都在市场上拥有特殊的价值定位。美国服饰 Supreme 区别于主流品牌的精致与正统,通过与滑板、嘻哈、涂鸦等街头文化的密切融合，体现出个性叛逆的品牌理念，被认为是另类青年文化的象征，尤其受到年轻人的追捧。不论行业发展到哪一个阶段，市场上总存在尚未被涉足的"无人区"，寻找这一片空白并以此为基础提供特别的价值，是商业模式成功的重要前提。

3. 从产品思维转换到价值思维

人们的惯性思维是将产品视为价值的核心载体。但是观察泡泡玛特（POP MART）推出的盲盒，可以看到商业模式创新者已经在打破产品思维所带来的认知限制。盲盒消费者并不知道自己买到的是什么，这说明他们在获得产品之前就已经获得了价值感。泡泡玛特推出的盲盒带给消费者的价值体验并不仅仅在于产品本身，而在于选择盲盒和拆盲盒的过程。这个简单的例子说明了一个重要的价值设计理念，那就是价值设计的机会并不仅限于产品本身，还可以存在于产品生产、销售的整个过程中，以及用户使用产品的整个周期里。

4. 建立价值标签

所谓价值标签，指的是将直观呈现且易于理解的符号与产品价值相关联，让产品价值更容易被消费者感知到。"价值标签"可以帮助消费者降低获取信息、选择产品的时间成本。随着时间的推移，"共识"的机制还会让价值标签不断自我强化——当人们都认为产品有价值时，产品便有价值；而且当越来越多的人相信价值标签时，产品就会吸引更多人的认同。例如，"西湖龙井"就是一个典型的价值标签，人们不需要任何对茶叶的了解，都可以下意识地相信西湖龙井的品质在龙井茶中是最好的。这种基于历史传统而形成的价值标签随着时间的沉淀，已经演变成了一种社会共识。

5. 激发对价值的感性认知

真正的喜欢是不需要理由的。曾经有人让安卓手机用户与苹果手机用户描述他们的偏好。安卓手机用户往往会说因为这款手机有更高的拍照像素，有更好的手机芯片，有更大的内存，等等。而苹果手机用户的回答很多时候只有一句"我喜欢啊"，或者"我喜欢这款手机的设计"。激发用户对产品价值的感性认知，会大大增加用户的黏性，也将加大对手争夺这些用户的难度。想让用户启动感性的价值认知模式，就要通过产品和服务建立起与用户的心理连接。这也是为什么我们经常说，产品设计不仅仅要关注产品的卓越性能，还要设计出有"温度"的产品。一个有趣的例子是噢麦力（Oatly）燕麦植物蛋白奶，近年来该蛋白奶风靡全球，并且于2021年在美国纳斯达克挂牌上市，成为"燕麦奶第一股"。这一饮品品牌实则是20世纪90年代创立的，最初只是为了解决乳糖不耐受人群的营养摄入问题而被开发和推广的产品。然而，从2012年起，噢麦力开启了全新的价值定位，与星巴克等咖啡馆合作，推出了燕麦拿铁等一系列咖啡饮品。咖啡馆等的引入使得燕麦奶和消费者产生了感性的链接,让燕麦奶一度成为时尚的代名词。据噢麦力 2021 年度财报,其全年收入超过 6 亿美元,同比增长高达 52.6%。

(二)关注更高效率的变现

效率是商业模式中的一个重要的优势来源。更高效率的变现要求减少所有参与者间的交易成本。

1. 交易过程精简化

越多的交易环节和参与者存在,协调的复杂性所带来的成本就越高,交易过程的效率也越难保证。应当剔除商业模式交易过程中的低效率、高成本环节,用具有更高效率或更低成本的交易过程加以替代。顾客在线下消费中最为苦恼的就是排队结账环节,亚马逊为了解决这一痛点,在全食超市(Whole Foods)使用大量传感器和摄像头来捕捉顾客挑选和拿取商品的动作,顾客购物结束便可以直接走出商店,随后其账单将通过绑定的银行卡自动支付。由于交易环节的剔除和服务时间的缩短,这种商业模式受到了消费者的追捧。我们相信,随着互联网、人工智能等技术的蓬勃发展,交易过程的"去中间化"将呈现出更多的可能性。

2. 生产过程集约化

对于规模巨大的企业,每个业务活动即使只有微小的效率提升,累计的效果也会呈现出巨大的量级。当下商业模式创新正呈现出一种很有趣的趋势,在大型工业企业之外,很多其他领域的创新者也正在尝试"集约化"的商业模式。过去,餐饮行业一直高度依赖于厨师的个人技艺,然而近年来,"中央厨房"和"预制菜"的模式已经被广泛采用,菜品的采购环节和预处理环节均实现了集约化和统一化,在采购价格、人力成本等方面已有明显优势。

3. 考虑收入方式的转换

当我们考虑收入流的时候,如果能够挖掘用户潜在的新价值需求,也可以对交易环节进行商业模式创新。这需要商业模式创新者有敏锐的观察力并及时采取行动。比如,自助餐就实现了餐饮行业收入方式的转换。它将按菜品收费转换为按用餐人数收费,提供菜品的方式更加统一化,且减少了服务成本。

(三)找到"突破天花板"的能力

企业具有越高规模的天花板,意味着商业模式的增长潜力越强,从长远角度来看,商业模式也就越有效。

1. 注重商业模式的可拓展性

商业模式的可拓展性是要求它适应从小到大的各种规模,同时保持敏捷和高效。庞大的规模往往需要敏捷高效的供应链体系和精细化的管理制度的支撑,当企业规模逐步扩大的时候,商业模式是否依然能够有效支撑企业运营,就成了决定企业能否长期发展的关键。具有可拓展性的商业模式,才能支撑创业者们所追寻的长期增长,大大提高对投资者的吸引力。随着规模的扩张,成本(包括管理成本)不会持续增加,也就是商业模式能够支撑更大规模的有效运营。快餐品牌肯德基在中国市场的成功是一个典型案例。截至2021年,肯德基共在中国1600多个城镇开设了8100多家门店。肯德基的原材料供应商高度本土化,它在中国有800多家本土供应商并设立了32个物流中心,保障了对门店的快速供给和对运输成本的有效控制。肯德基的养殖、种植、产品和服务等均有体系化的标准,使其在扩张中能够保持品牌的特色与优势。例如,生菜是肯德基最主要的蔬菜原材料品类,而在肯德基刚进入中国时,中国并没有成熟的生菜种植体系。肯德基与本土供应商合作,按照品控要求将结球生菜的种植标准化。诸多类似的举措为肯德基在中国的扩张提供了有力的后端支持。

2. 保证所有参与者的增量式收益

商业活动的各个环节是由众多的参与者共同完成的。创业者不能只看商业模式能否帮助自己获得更多的商业机会和更大的回报,还需要考虑其他参与者能否从中持续获益。只有当新的商业模式能给参与者带来增量式的收益时,他们才会有持续的参与意愿。这样才能保证参与者的长期性和稳定性,有利于各个参与者形成协同性,降低协同成本,也有利于参与者在商业模式的持续运转中沉淀能力和资源。2015年,本来便利APP试图与社区便利店进行合作,让遍布城市各个角落的便利店作为自己的存货单位,同时负责订单的配送。这样的商业模式看似降低了库存、人员等方面的压力,具备效率上的优势,但本来便利推出一年后就受挫搁浅,未能获得成功。其中一个原因在于便利店的经营者所付出的仓储和服务成本与获得的补贴是不对等的,便利店参与交易过程的积极性也就不高。

3. 对内可复制

好的商业模式应当"对内可复制,对外有壁垒"。商业模式的强大来源于它被高效率复制的潜力。复制成功的商业模式可以大大降低企业的试错成本,也为业务规模的扩张带来新的可能,可帮助企业在短时间内捕捉到一些市场需求。商业模式的复制甚至可能是跨地域、跨行业、跨产品、跨客户群,由此企业可以横跨几乎所有的业务领域,无限突破任一行业增长的天花板。一个典型的例子是龙湖地产有限公司。龙湖地产有限公司能够以较快的速度扩张至各个城市并在整个行业中处于领先地位,得益于其在捕捉消费者价值点方面有一个好的"底板"。以"天街"为主品牌的龙湖地产有限公司意识到,年轻一代对商场需求的变化以及对"有品位、轻时尚"等生活品质的渴望,将消费群体主要定位于作为"消费主力"的70后、80后、90后。在招商过程中,龙湖地产有限公司重视市场信息,引入众多目标用户青睐的年轻、时尚品牌；在后续运营过程中，对那些与消费者需求不匹配的企业，龙湖地产有限公司会提出优化方案，甚至会选择缩小门店或终止合作；同时，为了更好地赋予消费者以感知价值，在设计时龙湖地产有限公司就预留了大量的空间用于其 IP 活动的开展，旨在丰富消费者的购物体验。截至 2021 年年底，龙湖地产有限公司已开业商场 61 家，分别覆盖北京、上海、杭州、重庆、成都、西安、苏州、合肥、南京、常州等多个核心城市，为其带来超 6.8 亿人次的年客流量。

4. 对外有壁垒

先发优势并不是永久性的。壁垒较低的商业模式在刚刚进入行业时可能名噪一时，但随即就可能面临大量模仿者，这将减少模式可复制性带来的业务增长机会。当一种新的商业模式出现后，模仿者可能会接踵而至，使其独特性逐渐被侵蚀。扩大规模建立成本优势、构建产业生态系统、提高用户的转换成本，这些都是构筑商业壁垒的手段。最与众不同的案例是戴森，其革命性的发明、颠覆性的技术成为企业不可复制的高利润的创新者。从手持吸尘器、外观手感均与众不同的 Supersonic HD01 吹风机，到依靠风力而不是热力的 Airwrap 卷发棒，戴森的每一款产品在价格方面都成为其所在行业的"天花板"，甚至比普通产品的价格贵 10 倍有余。这些产品都是基于戴森在固态电池、电动机以及流体力学方面全球领先的专业知识和产品化能力，为用户长久拥有但未被解决的痛点提供了颠覆性的解决方案。基于深厚的技术积累与创新支撑，戴森的每一款产品都能够打破用户对于产品的刻板印象并带给用户超出预期的极致体验，形成无可超越的技术壁垒。在互联网＋的时代，科技力量正在充分释放商业模式的发展潜力。对商业模式创新者而言，如今的商业世界无疑成了一个极具想象力的新世界。

课中实训

实训一　调查和分析企业的商业模式

利用商业模式画布，调查和分析一家你感兴趣的企业，并填写下表。

合作伙伴 有效运作所需要的供应商和合作伙伴。	关键业务 成功运营必需的重要业务模块。	价值主张 为客户创造价值的产品或服务。	客户关系 如何与客户建立及维系关系。	客户细分 所服务的客户群体分类。
	核心资源 模式运转所需的资源。		渠道 企业服务流程中的客户接触点。	
成本结构 商业模式运转下所引发的成本。			收入来源 企业通过向客户提供价值主张而获得的收入。	

实训二　设计你的商业模式

与你的创业团队伙伴一起思考和讨论你们创业项目的商业模式,尝试填写下表。

续表

重要伙伴 有效运作所需要的供应商和合作伙伴	关键业务 成功运营必需的重要业务模块	价值主张 为客户创造价值的产品或服务	客户关系 如何与客户建立及维系关系	客户细分 所服务的客户群体分类
	核心资源 模式运转所需的资源		渠道通路 企业服务流程中的客户接触点	
成本结构 商业模式运转下所引发的成本			收入来源 企业通过向客户提供价值主张而获得的收入	

复盘反思

1. 知识梳理：通过"商业模式的设计与创新"的学习，你掌握了哪些与商业模式相关的知识。请画出思维导图。

2. 应用知识：本项目的学习对你的创业是否有意义？是否会影响到你的创业计划？

3. 方法反思：在完成本项目学习和实训的过程中，你学会了哪些分析和解决问题的方式？

4.践行反思:在完成本项目学习和实训的过程中,你认为自己还有哪些地方需要改进和提升的?

课后提升

【案例】瑞幸咖啡(Luckin Coffee)的商业模式画布。

合作伙伴	关键业务	价值主张	客户关系	客户细分
有效运作所需要的供应商和合作伙伴。 • 咖啡豆供应商; • 咖啡设备提供商; • 轻食茶饮供应商; • 大数据、人工智能的技术供应商; • 移动支付供应商; • 外卖平台	成功运营必需的重要业务模块。 • 新品研发; • 品牌营销; • 渠道建设; • 供应链管理; • 数字化能力建设	为客户创造价值的产品或服务。 产品: • 高性价比; • 高便捷性。 情感: • 快捷、优质的满足感	如何与客户建立及维系关系。 • 吸引用户:拉新优惠券、新人赠饮; • 留住用户:定期活动、优惠发放; • 定制菜单	所服务的客户群体分类。 • 20~30岁白领,以快节奏的"咖啡人群"为主,追求快捷与效率; • 广泛的学生人群(占领了Z时代"第一杯"咖啡体验); • 下沉年轻人市场
	核心资源 模式运转所需的资源。 • 品牌; • 大数据等IT技术; • 销售网络体系; • 供应链管理能力		渠道 企业服务流程中的客户接触点。 线上渠道: • APP和小程序; • 外卖平台; • 各大社交媒体; 线下渠道: • 线下门店	

续表

成本结构	收入来源
商业模式运转下所引发的成本。 • 原料成本； • 门店租金成本； • 外卖配送成本； • 人力成本、设备成本等	企业通过向客户提供价值主张而获得的收入。 • 咖啡收入； • 轻食、茶饮收入

项目六　产品规划与市场营销策略的制定

学习目标

1. 了解产品规划的意义和含义、市场营销的意义与本质；
2. 理解产品规划的设计思路和方法、市场营销策略制定的思路与方法；
3. 掌握设计产品规划和制定市场营销策略的方法。

思维导图

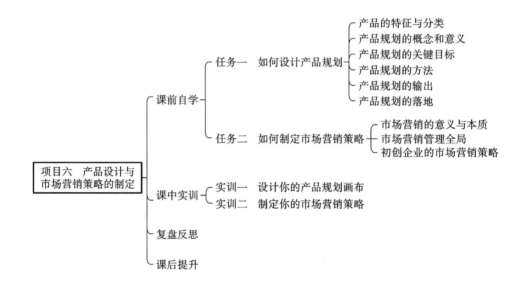

课前自学

任务一　如何设计产品规划

(一)产品的特征与分类

许多人认为产品是有形的。其实不然，产品(product)是指提供给市场以满足需要和欲望的任何东西，包括有形的产品、服务、体验、事件、人物、场所、产权、组织、信息和想法。

1. 产品层次：顾客价值层级

在规划市场供应物时，营销者需要强调五个产品层次。每个层次都增加了更多的顾客价值。这五个产品层次构成了顾客价值层级。

•第一个层次是核心利益(core benefit)，即顾客真正购买到的服务或者利益。酒店顾客购买服务是为了休息和睡觉，钻床采购者购买钻子是为了打孔。营销者必须把自己看作利益的提供者。

•在第二个层次，营销者必须把核心利益转化为基本产品(basic product)。因此，酒店的客房内有床、盥洗间、毛巾、椅子、梳妆台和壁橱。

•在第三个层次，营销者将准备一种期望产品(expected product)，即顾客在购买该产品时通常期望得到的一系列特性和条件。酒店的顾客最起码的期望是有一张干净的床、一条新毛巾、一盏台灯以及一个相对安静的环境。

•在第四个层次，营销者将准备一个超出顾客期望的附加产品(augmented product)。在发达国家，品牌定位和竞争就产生于这个层次。然而，在发展中国家的新生市场，如印度和巴西，竞争大多发生在期望产品层次。

•第五个层次是潜在产品(potential product)，即现有产品在未来所有可能的演变趋势和前景。企业在这一层次中寻找新的方式来满足顾客，并将它们的供应物差异化。

差异化的出现和日益激烈的竞争频繁地发生在附加产品层面，这促使营销者去了解用户的总体消费体系，即顾客是如何获取和使用产品及相关服务的。每一个产品附加都会增加成本，但是，附加利益很快会成为同类产品中期望利益和必需的共同点。如今的酒店顾客都会期望有卫星电视、高速互联网接口和配套齐全的健身中心服务，这意味着竞争者必须寻求其他特色和利益以满足不同顾客的需要。

当一些公司在提高它们附加产品的价格时,其他公司则在提供廉价的产品。因此,在诸如四季酒店(Four Seasons)和丽嘉酒店这类酒店日益增多的同时,我们也看到出现了一些像 Motel 6 和舒心酒店(Comfort Inn)这样价格更低廉的酒店,它们迎合了那些只需要简单、基本的食宿的顾客。

2. 产品分类

营销者基于耐用性、有形性和用途(消费品或产业用品)对产品进行分类。每种产品都有一种最适合的营销组合策略。

第一种分类方式是营销者根据耐用性和有形性将产品分为三种类型。

(1)易耗品,是有形商品,通常有一种或几种用途。例如啤酒和洗发水。因为这些商品需要经常购买,所以最适合的策略就是使这些产品在多个地方都可以实到,赚取微利,加大广告宣传力度以引发顾客试用,建立产品偏好。

(2)耐用品,是可长久使用的有形商品。例如电冰箱和服装。耐用品通常需要更多的人员推销和服务,应获得较高的利润和更多的卖方保障。

(3)服务,是无形的、不可分割的、多样化的和不能储存的商品。因此服务更需要质量控制、供应商可信性和适应性。例如美发、法律咨询和家电维修。

第二种分类方式是我们对大多数消费品按照消费者的购买习惯分类,区分为便利品、选购品、特殊品和非寻求品。

(1)便利品,通常是消费者频繁、不费工夫就能立即购买到的产品。例如软饮料、肥皂、报纸等。便利品可以进一步分类。日用品是消费者有规律购买的商品。一位买主可能会有规律地购买亨氏番茄酱、佳洁士牙膏、乐之饼干。冲动品是那些事先没有计划,也不用费力寻找而购买的商品。方糖、杂志都属于这种类型。应急品是在急需的情况下购买的商品,如在暴风雨时买伞,在冬季下雪之时买靴子和手套。冲动品和应急品制造商会把商品放置于那些消费者有可能应急和迫切需要的地方,以促成购买。

(2)选购品,是指消费者对适用性、质量、价格和款式等进行有针对性比较而购买的商品。例如家具、服装和大型家电。同质选购品质量相似,但是在价格上却有很大差异,需要做出合理的购买比较。异质选购品在产品特性、质量和服务方面存在差别,这比起价格更为重要。异质选购品的经销商提供广泛的花色品种来满足不同顾客的品位,并通过对营销人员的培训向顾客提供产品信息和购买建议。

(3)特殊品,具有独一无二的特征或品牌识别,并且有足够数量的消费者愿意为之付出特别的购买努力。例如汽车、立体声音响和男士正装。梅赛德斯奔驰车是特殊品,因为感兴趣的顾客不惜远途去购买。特殊品无须比较,顾客投入的仅仅是到达产品购买地的时间。虽然营销者不需要便利的位置,但是必让潜在顾客知道在哪能找到他们。

(4)非寻求品,是那些消费者未曾听说过或通常不会想到要买的商品,例如烟雾报警器。消费者熟知的非寻求品典型例子有人寿保险。非寻求品需要通过广告及销售人员的支持。

(二)产品规划的概念和意义

产品规划是指在了解市场、了解客户需求、了解竞争对手、了解外在机会与风险、了解技术发展趋势的基础上,根据公司自身的情况和发展方向,制定出可以把握市场机会,满足消费者需要的产品的远景目标、相应战略和执行战术的过程。

产品规划通常会跨越整个产品开发周期,在产品开发周期的每个阶段中,产品规划人员都需要了解客户、市场、技术创新等情况,并根据内、外部的各种变化调整或完善产品规划。也就是说,在做产品规划之前有大量的工作(当然,如果公司有资料积累,那就轻松很多),需要先做行业与市场分析、竞争对手分析、SWOT 分析(了解公司内部优劣势和外在的机会与风险)。之后再根据分析结果制定初步的产品方案和产品战略。这个阶段的战略涉及面较广,颗粒度较粗,代表的是一个大方向,包括市场战略、营销战略、品牌战略、竞争战略、融资战略、产品开发战略,等等。这些战略在后面的产品规划和产品整体设计中会被不断细化和完善,甚至有可能推翻。

产品规划的目的在于通过明确产品的发展目标和方向,统一团队思想,指引团队不断前进,最终获得产品上的成功。

对于产品规划的意义,可以从公司、团队、个人三个方面来总结。

1. 对公司而言

- 全局把控,可以清晰地了解产品方向与公司战略是否相符;
- 对产品的未来发展有着清晰明确的认识;
- 便于统筹资源,协调资源;
- 有利于财务预算控制;
- 复盘总结依据。

不同规模和类型的公司,产品规划的意义可能会有所差异。像 BTA 这类大型的公司,每个阶段所做的产品规划可能会涉及多个业务产品线,很多时候需要多部门多事业群联动,以便充分利用各项资源,达到公司整体战略目标。而对于一些小公司尤其是需要融资的初创公司,一份好的产品规划能让投资人觉得你们这件事靠谱,并愿意投资。

2. 对团队而言

- 在执行层面,团队对做什么、不做什么、如何做有明确的认知;
- 有利于团队凝聚,统一思想,达成共识,使每个人的劲都能往同一个方向用力;
- 便于团队在公司层面争取更多资源;
- 团队对于产品规划有了清晰的认识后,能带给团队无限的憧憬。使得每个人会具有强烈的使命感和责任感,同时也激发团队成员的积极性,效率将事半功倍。

3. 对个人而言

- 对产品的发展和目标有明确的认知;
- 能清晰了解产品生命周期每个阶段,有什么样的目标与重心,确保始终围绕目标方向展开;
- 在产品演进的过程中,提供产品迭代决策依据;
- 当传达到个人时,每个人会根据产品规划的目标,围绕目标进行任务拆解,清晰了解当前每项工作任务内容,并有效执行。

产品规划就像是一盏指路明灯,能够让我们更加专注地朝着目标前进,只有通过不断地规划、尝试、复盘、总结、优化调整,才能使我们的产品在激烈的市场环境中脱颖而出,获得成功。

一份清晰明确、有理有据、以数据支撑的产品规划,关乎着该产品是否能成功的关键因素之一。

(三)产品规划的关键目标

好的产品规划要达到以下几个目标。

1. 梳理业务目标,明确业务方向

这个关键目标,具体分为以下几个关键要素。

(1)明确客户群体,即产品所服务的对象,所面向的目标用户群体。B端业务系统都有清晰的用户角色,通常以职责进行划分,如常见的人力、财务、销售等。C端产品的目标客户群体都以明显特征进行划分,通常包括年龄、地区、职业等。明确客户群体是为了挖掘用户的核心需求、痛点,衡量市场规模。

(2)找到解决方案,即以什么样的形式提供什么样的服务或产品满足用户的需求,解决用户的痛点。解决方案概括为两个方面:产品定位和产品形态。产品定位就是提供什么样的服务或产品,解决用户问题,满足用户需求。产品形态就是服务的载体、产品的外在形式,

例如桌面客户端、桌面 Web 端、移动 APP、小程序等。

(3)明确产品的价值、产品服务的用户,解决用户问题,满足用户需求,给用户产生了价值。常见的形容 B 端产品的价值有满足业务需要、提高效率、降低成本等,常见的形容 C 端产品的价值有满足用户的情感需要、节约用户的等待时间、提高用户处理事务的便利性、降低信息获取的不对称等。产品给用户带来了价值,那么用户价值如何转化为企业价值?对于商业化的产品而言是要特别考量的。

(4)明确产品的独特性,即产品区别于其他产品的特征。企业通过分析自身的优势与劣势、市场的机遇与挑战、产品的对比,挖掘出产品的独特卖点,形成竞争优势。

(5)明确产品触达用户的方式,即如何让产品接触到目标客户群?如何让用户找到产品?对于 B 端产品而言,是以销售为导向的多渠道寻找线索获取客户。对于 C 端产品而言,是以运营为导向多渠道拉新获客。

(6)做好客户维护,即维护产品与客户的关系。客户关系的维系可以分为拉新、留存、转化。通过数据进行量化客户关系维系,其关键指标大致可以分为营收类(如订单量、收款金额、付费率、续费率等)、转化类(如点击率、转发率等)、流量类(如新增用户数、获客成本等)、忠诚类(如留存率、日/周/月活跃用户数、流失率等)。不同的产品所关注的关键指标不同,通过关键指标的变化能够分析出产品当前的客户维系情况。

(7)明确盈利模式即产品的收入来源。常见 B 端产品的盈利模式有一次性买断付费、订阅付费、佣金抽成等。常见的 C 端产品的盈利模式有广告、增值服务、商品售卖等。盈利模式是产品将用户价值转化为商业价值的一种途径,通常都是多种盈利模式组合使用。

(8)做好上层规划,做好资源支持产品不是孤立存在的,需要其他产品提供资源支持,因此产品规划依赖于产品线、产品组合、系统架构以及企业的规划,要考虑产品在产品线、产品组合、系统架构以及企业中的位置。不同的产品在规划时需要考虑的要素不同,可以通过是否商业化进行区分。

(9)对目标进行量化。通过调查明确好产品的相关要素后,就需要对目标进行量化。量化目标需遵循 SMART 原则(具体的、量化的、可达到的、有关联的、有时限的),同时也要考虑产品的生命周期(引入期、成长期、成熟期、衰退期)。在产品的引入期,产品自身的功能不完善、客户规模小,业务目标的制定应侧重于客户群体、解决方案、价值产生、客户触达。在产品的成长期,业务目标的制定应侧重于客户维护、盈利模式。在产品的成熟期、衰退期,业务目标的制定应侧重于客户维护、解决方案、价值产生。

2. 分析业务优先级

产品开发的时间规划、资源规划依赖业务优先级的确认,因此我们在产品规划时对系统的业务优先级进行优先排序，即分析系统产品用例的优先级。那么该采用什么样的方法去分析呢？应该综合考量以下因素。

(1)战略规划方向：分析业务是否贴合企业当前的战略规划方向。

(2)市场情况：即考虑市场的竞争情况、市场规模，分析业务对于产品的竞争力、用户群等方面的影响。

(3)业务目标分析：业务的完成与否、业务的完成质量对业务目标的影响。

(4)业务带来的价值分析：业务能给企业、用户带来多大的价值。对于产品的初始阶段，要注意开发业务形成的业务闭环，能优先实现最小闭环的业务优先级高。

(5)投入产出比：对接业务带来的成本和其开发成本进行比较，业务的优先级受到多因素的综合影响，因此要衡量好每个因素的权重。

(6)划分项目里程碑：里程碑一般是项目中完成阶段性工作的标志，标志着上一个阶段结束、下一个阶段开始，将一个过程性的任务用一个结论性的标志来描述，明确任务的起止点，一系列的起止点就构成了引导整个项目进展的里程碑。划分项目里程碑就是对完成业务目标的时间进行规划。

划分项目里程碑包括两个部分，一个是目标分解，另一个是完成时间。目标分解应该按照业务实际进行，常见的目标分解有按照业务功能、按照任务进行的步骤、按照业务价值的量化指标等。对于产品规划而言，项目里程碑的完成时间不需要很精确，一般按照季度、月度进行划分。业务的优先级影响里程碑完成的阶段任务内容，每一阶段的规划要优先实现高优先级的业务。

产品规划是系统开发工作的指导方针，通过业务目标梳理、业务优先级分析、项目里程碑的划分，项目参与人就清晰地知道产品在一段时间内的项目目标、发展规划、任务内容、资源安排。

(四)产品规划的方法

产品规划有两种方式，第一种是以产品生命周期为主体进行规划，第二种是以关键问题的方式进行规划。

1. 生命周期法

按照产品不同生命周期的目标来制定产品规划。MVP(minimum viable product，最小化可行性产品)阶段要做什么，成长期要做什么，成熟期要做什么，衰退期又要做什么。

MVP的目标是要用最小成本快速验证我们的产品思路在目标用户里的接受和受欢迎程度，降低一开始走错路的风险。那这个时候的产品规划就要考虑如何让目标用户最快地使用相对完整的产品,如何去筛选和征集到足够的目标用户,如何获取用户的反馈,如何根据这些反馈快速迭代,如何将产品和品牌推广在这个阶段做初步的结合。围绕这些目标去做这个阶段的产品规划。成长期,我们要的是拉新和留存。核心用户要快速稳定增长,同时留存率也要保障。那这个时候的产品规划就是要考虑用怎样的策略(产品、运营、市场推广策略)和功能(包含技术优化手段)去达到上述目标。

成熟/稳定期,这个阶段,活跃用户的增长几乎停滞,核心用户的增长也可能已经很缓慢,造成这种情况的原因很多,有竞争的因素,有目标用户已基本被覆盖的原因,也有产品本模式不再适应市场的原因等。这个阶段的产品规则就要重点关注:如何提升核心用户的转化率和盈利能力;如何去改善我们现有的产品服务、运营策略、用户体验,可以让我们重新进入成长期,或是如何去发现新的产品,保证整个团队的存活。

衰退期和成熟期有些类似,还是要如何去发掘产品的第二春甚至第 N 春;同时,如果确定要放弃产品,那么这个阶段的规划就要注意如何做好产品退市工作。

2. 问题分解法

问题分解法就是先围绕产品的核心价值和目标,不断提出问题。沿着用户主路径,不断分解问题,在分解问题的时候同时寻找解决方法。产品规划就是将问题和解决方法按优先级的先后去列出来,形成一个路线图。比如,一个内部数据应用产品,核心目标是给内部各业务部门提供一个快捷、准确、可视化的数据产品。那么我们可以先提出问题:哪些业务部门在什么场景下怎样使用数据产品?这个问题可以分解出以下四个子问题。

(1)哪些业务部门?

哪些业务部门又可以分解出:

- 每个业务部门的对接人是谁?
- 每个业务部门的痛点是什么?
- 哪个业务部门的需求最紧急?
- 哪个业务部门的需求可以延后?

(2)什么场景?

业务部门之间的需求是否会有横向或纵向的关联?什么场景又可以分解出:

- 具体场景的使用流程是什么?
- 具体场景的发生频率是什么?
- 不同场景间是否有上下游关系?

(3)怎样使用?

怎样使用又可以分解出:

- 谁来用？
- 不同的人是否有权限上的不同？
- 是 PC 上使用还是手机上使用？
- 要达到怎样的效果？

（4）怎样的数据产品？

怎样的数据产品又可以分解出：

- 数据产品的形式是什么？
- 快捷、准确、可视化的具体标准是什么？

(五)产品规划的输出

产品规划的工具很多，比如产品画布、产品路线图、产品价值表、产品生命周期甘特图等，这里主要为大家介绍产品画布的使用。产品画布是公司早期用于梳理思路（主要是产品级商业模式）的一种方式。产品画布通过产品模式进行思考，寻找市场切入点，明确项目的价值，发现核心竞争优势着手点，定义盈利模式，确定接触用户的渠道，最终形成战略目标和行动计划。它是以可视化的形式，帮助公司验证项目是否可行，降低风险的梳理思路的模型。产品画布其实是为了快速进行项目评估所做的一种评估策略。一个完整的项目，一般在产品画布的各个领域都已经思考得很完善了；如果还有没想清楚的，那么就需要进一步地深入。

产品画布由 9 个方面构成，在分析这 9 个方面的时候，也是有流程和顺序的，如下表所示。

2.问题/需求 客户急需解决的问题/需求	3.解决方案 具体的解决方案，特别是痛点需求	5.价值主张 为客户创造价值的产品或服务	4.竞争壁垒 找到核心竞争力	1.目标客群 所服务的客户群体分类
	9.关键指标 成功运营必需的重要业务模块		8.市场渠道 企业服务流程中的客户接触点	
6.成本结构 需要多少投资（需要投资多少、钱花到哪些地方、怎么花）？产品的售价应该是多少？利润有多少？多长时间能够回本？				7.收入来源 企业通过向客户提供价值主张而获得的收入

1. 目标客户群

首先要了解即将进入的市场,思考客户是谁？为谁服务？这是因为每个客户群体都是有差异的,没有一种产品能够满足市场的所有群体。只有用户挖掘的数据足够准确,产品或服务的针对性才越强,越能贴近用户的核心需求。

有时候,你只有单边客户,比如早期 QQ 用户;有时候,你可能有双边或者多边用户,比如滴滴,既要考虑乘客,也要考虑司机。对于有些产品,要分清楚"购买者"和"使用者"不是同一个人,特别是对 B 端的一些产品。你要能够理解这群人如何看、如何感觉、如何思考你的产品。在产品的早期,一定是要从很狭小的领域入手。满足了这一群人,然后才有机会慢慢延伸出去。

因此,在这里你要将思考的问题切割得很细很细。同时,在这个阶段要考虑好哪些人可能会是你的种子用户,早期的产品雏形可以和他们进行交流,听取他们的建议。甚至把他们有些表象看不出的需求都挖掘出来,那这样一群人就成为你的目标客户群体,也会成为产品的传播者。

2. 问题/需求

这个阶段在进行需求选择时,尽量选择场景清晰、需求明确,且具有刚需、痛点、高频特点的需求。这个需求可能是目标人群未能实现的需求,或者是潜在的需求。每个产品经理都会认为自己找到了痛点,但是很多痛点并不痛。能够满足人性最原始的初衷,就不怕没有用户使用。按照马斯洛的需求理论,同样,痛点需要能够对应到人的当前需求,基于此开发出的产品可能才是真正能解决用户问题的产品。

在分析需求的时候要考虑:用户目前是否有替代产品,能否通过其他方式满足;市场上谁会是潜在的竞争对手,他们有什么特点。比如滴滴打车不能满足乘客的短途出行的需求。滴滴打车出来之前,出租车能满足短途出行乘客的需求,但是这一需求也并不理想,因为乘客只有等待出租车经过时才能打到车,而出租车也不知道哪里有乘客。同样,关于共享单车市场也是如此。过去,人们对于短距离出行是通过公交、步行或者出租车来完成的,但不是很方便,要么耗时,要么耗钱。而共享单车节省了人们的时间和金钱,也很好地满足了人们的需求。

3. 解决方案

针对前面目标客户群存在的问题,特别是痛点需求,应提出具体的解决方案。该解决方案要能真正解决问题,而且客户愿意为此付出时间和金钱来购买产品。如果该解决方案是你自己认为的能满足用户的需求,但是客户并不愿意为之买单,那可能就存在问题。

因此，在这个过程中，我们要用精益创业的方式，先开发出 MVP（最小化可行性产品），去验证我们的想法和方案是否正确。如果客户接受了 MVP，就说明我们的设计是正确的。反之，就要回头去挖掘客户的需求，再设计产品。

这是非常重要的一个阶段，也是精益创业的一个重要思想。不是等所有工作都完成了再去找客户，而是要在早期用产品给客户进行测试，看是否符合他们的要求，是否愿意进行交换。

4. 竞争壁垒

核心竞争力是指当我们进入一个市场后，一定会有其他竞争者加入，这个时候该如何应对？有什么撒手锏能够让你立于不败之地？什么样的能力才算核心竞争力？一个更好挖掘核心竞争力的词：稀缺性资源。想要拥有核心竞争力，就是要掌握市场上稀缺的资源。这种资源就是核心竞争力。那这样的稀缺性资源有哪些呢？

第一类是无形资产。无形资产包括品牌、专利和牌照。品牌很好理解。卖同样的咖啡，你在普通咖啡店 15 元一杯，在星巴克就要 35 元一杯。星巴克这个品牌是唯一的，全球不可能有第二家，这样的无形资产是无法超越的。专利技术也很好理解。牌照，对于企业，特别是在像中国这样的市场是非常有价值的。这是一种准入资格，也是一种稀缺的门票。比如新能源汽车的生产需要资质。牌照不单单是做生意的入场券，它本身也是可以增值的产品。

第二类是成本优势。成本就是低成本。如果因为工艺、地理位置、规模效应或者独特资产的便利性而获得了成本上的优势，且是竞争对手无法超越的，就是拥有了核心竞争力。

第三类是转换成本。当用户在使用你的产品或者服务后，如果转向其他品牌，则要损失很多成本，这样的竞争优势也是明显的。

第四类是网络效应。这在互联网行业更加明显。当你身边的同事、朋友等都在使用微信进行交流的时候，让你去使用一个新的产品"陌陌"，你肯定会觉得不可行，因为你的网络在这里。到那个平台，用户价值网络不存在，那也就失去了价值。

5. 价值主张

我们可能会有很多的选择、很多的考虑，但是在团队的成员心中一定要有一个统一的认知，那就是我们的存在到底提供一个什么样的价值。

这可以有两个层面。一个层面是来自企业层面，就是企业的愿景，企业存在的价值是什么？比如阿里巴巴，它存在的使命是：让天下没有难做的生意。这个统一的认知很重要，因为它会决定，我们做什么和不做什么。阿里巴巴因为有这样的使命，所以其业务包括 B2B 业务，如淘宝、支付宝等都是为了帮助人们做生意。这个使命定位很好地设定了这个公司的业务边界,不会做不相关的事情,因为许多不相关的事情会浪费公司的很多资源,形成不了合力。

价值定位的另外一个层面是用户层面。就是用户为什么选择你,你为用户提供了什么样的价值。你在用户心目当中的那个印象到底是什么?比如小米,大家想起小米会觉得说,产品品质不错、价格不贵,这是由小米手机建立的价值定位。但这个价值定位,后来又可以延伸到小米的其他产品,包括路由器、空气净化器、净水器等一系列产品。这就是你在用户心目中的定位。这个定位一定要很清晰,不能模糊,也不能多。当你有两个以上的定位后,人们就记不住你了。价值定位的建立,是企业要有意识地去规划,并在对外的宣传中,从产品和服务的交付中慢慢形成特点。

所以,有时候我们需要有一个好记、朗朗上口的口号就是这个作用。一种方式是陈述价值主张,如"滴滴一下,马上出发"。如果有好几个你觉得不错的价值定位,就要把它们都列出来,然后优先排列,再找出最核心的那个。就像一个人,你给别人留下的印象,除了你自己说,还要别人靠时间、靠与你交往慢慢得出。人们会对你评价,你是一个靠谱的人,还是一个靠不住的人。这就是价值定位,就是你在用户心中的那个印象。

6. 成本结构

成本结构及分析能帮我们计算出开发该产品需要多少投资(需要投资多少、钱花到哪些地方、怎么花)?产品的售价应该是多少?利润有多少?多长时间能够回本?这些问题都与产品成本有关。

成本结构也是决定我们利润来源的重要内容,主要由以下几方面来决定。

企业和上游的关系,即讨价还价能力。有时候对于创业公司来说,这需要通过时间的积累,当自身建立了足够的优势后,就可以从上游供应商那里拿到比较好的采购价格。

企业的运营管理效率和水平。如果运营管理水平高、人均产出高,那成本费用(管理费用)的支出就可以降低,就有利润空间。

如果有必要,融资成本也是这个模块要考虑的内容(项目七的第三节会详细阐述融资相关的内容)。不论是股权融资还是债权融资,都要考虑成本。债权融资要考虑利息的支出成本,股权融资要考虑股份稀释成本。融资的时间点以及稀释的比例都是需要考虑的。降低成本是任何一款产品都需要做的事,除了固定的人员工资以外,产品在开发与推广的过程中应该尽可能地降低成本。如开发初期,不要盲目地投入研发,可以先通过成本较低的方法验证产品是否是用户需要的。

7. 收入来源

我们要考虑产品的盈利模式是怎样的?该如何定价?是成本定价还是价值定价?利润

率如何？不同的阶段是追求收入还是利润？在与客户的交易过程中，要考虑谁是真正的支付者或使用者。没有盈利模式的产品最终会迷失自己。

常见的盈利模式有很多，如销售产品收入、提供服务佣金收入、广告收费、订阅收费、按年付费、中介收费等。不同的盈利模式可能有不同的收入来源。不同的盈利模式，定价模式也不同。

通常有三种不同的定价模式。① 基于成本的定价法。这种模式在传统的行业比较多。② 基于需求和用户的认知定价。在这类定价的产品中，品牌等无形价值在其中扮演了很重要的角色。比如苹果手机，一部苹果手机的价格远远超出了其成本价格。③ 根据供需比例的动态定价法。比如滴滴打车，在不同的时间、地点，根据当时的汽车的供应量，动态调整单价。

8. 市场渠道

如何销售产品，是通过直销还是渠道的方式，是通过线上还是线下的推广，如何触达客户，来实现交易、产生收入和价值？这会涉及很多操作层面的东西，包括如何能够引爆客户，如何与客户进行沟通，以及如何服务客户，让客户感知产品的核心价值定位。除了关注与客户的接触点，将产品或者服务传递给客户之外，还包括用户在产品生命周期的服务的设计和管理。这是客户关系管理和忠诚度计划的内容，这个过程可以遵循 AIDAOR 的原则：attention（引起注意）→interest（兴趣）→desire（欲望）→action（购买行为）→onboarding（成为用户）→retention（保留用户）。

9. 关键指标

一款产品上线后的运行情况，需要一定的指标进行衡量，而设置哪些指标却需要斟酌。指标有很多，但在不同的时期所需要的指标却不同。要想确定所需指标，不能够凭空猜测，而需要根据目标来制定。

基于产品生命周期，关键指标包括用户基数、活跃度、用户留存率、付费率、客单价、口碑推荐率、销量、销售额、利润率、成本、市场占有率等。当然，每个阶段所关注的重点指标是不一样的。无论如何，设定不同的指标来衡量目标完成度是合理的指标制定方案。因为不同阶段的指标能够有效地衡量该阶段产品的进度以及用户的使用情况，让产品经理能够及时进行调整和改进。

产品画布只是一种分析产品商业模式的最终展现形态，最重要的还是画布中的每个信息，你是如何得来的，信息与信息之间的关系是否能够辅助你进行产品规划、设计及运营管理。产品画布可以根据不同的阶段进行修改，用户需求除了自己的发现还有用户的调研，而且用户的答案及其行为很有可能也是不符的。好的商业模式是"测"出来的、"改"出来的，很少是"想"出来的。

除此之外,在产品初期运用产品画布可以帮助使用者规避三个风险:P(产品风险)、C(客户风险)、M(市场风险)。下面介绍产品画布与风险结构。

P:降低产品风险。首先确保客户的问题值得解决,然后设计最小可行性产品(MVP),制作并验证你的MVP扩大范围,进一步验证结果。很多项目失败的原因有很多,其中包括伪需求和解决方案不合理,因此要确保产品有能满足客户需求的独特价值。产品画布里的元素多是假设(从市场研究中获得的信息或分析结果),问题是假设,所以要验证问题;客户群体是假设,所以要验证客户群体;解决方案是假设,所以要验证解决方案。最佳的验证方式就是最小化可行性产品(MVP)。

C:降低客户风险。首先要进行市场研究,确认被问题困扰的客户群体,细分客户群,锁定目标客户群体,寻找当前最需要产品的早期接纳者,明确客户来源渠道,确保产品上市发布后能第一时间或以最便捷的方式交付到试用者手中。

M:降低市场风险。首先了解产品要解决问题的现有方案,确保产品解决方案比现有方案有优势,并能在市场竞争中脱颖而出,同时能建立竞争壁垒阻止竞争对手的攻击。再者要对产品成本结构进行分析,核算出产品项目所要投入的预算,通过收入和成本平衡计算投资回收期、回报率及利润规模,以降低投资决策风险。花上几周甚至几个月的时间来写一遍长达60页,建立在一个未经测试的设想上的商业计划书,不如利用一个下午迅速、简明扼要地制作"产品画布"。产品画布的主要目的是让产品尽可能地"可执行",打个比方来说,就是一个接地气的作战方案,或者是一个从点子到成功初产品的指导蓝图。

(六)产品规划的落地

产品规划输出之后,如何保证产品规划落地,要做好以下几点。

1. 明确团队责任和分工

一旦明确了所规划产品的需求和产品服务内容,那么下一步就是分配角色和职责。可以根据团队每个人专长、特点,结合产品服务内容,制定人员分工表,写上每个人的全名、职位、部门以及他们在产品过程中所扮演的角色和承担的职责。制定相应的绩效指标或者项目管理制度,让产品参与者能够各自发挥自己的特长,团队凝聚力更强,团队产出价值更大。

2. 规划好目标

目标是引导团队和个人前进的灯塔,想要落地好产品规划,就要制定好明确的目标,制定出一套明确的、可量化的、可执行的、可实现的目标。科学的目标也来自产品规划的关键目标,想清楚产品规划要实现的关键目标和任务,根据此制定好合理的目标,然后分配给每个项目参与者,同时实行目标激励,调动他们的积极性,更好地完成产品规划的落地任务。

3. 制定产品复盘机制

一个完整的产品复盘包括如下四步:目标回顾、结果陈述、过程分析和规律总结。

(1)目标回顾。

当初行动的意图或目的是什么?事件/行动想要达到的目标是什么?我们计划怎么做?预先制订的计划是什么?事先设想发生的事情是什么?

(2)结果陈述。

实际上发生了什么事?在什么情况下?是怎么发生的?与目标相比,哪些地方做得好?哪些未达预期?

(3)过程分析。

实际状况与预期有无差异?如果有,为什么会发生这些差异?是哪些因素造成了我们没有达到预期目标?失败的根本原因是什么?如果没有失败,成功的关键因素是什么?

(4)规律总结。

规律总结也就是我们从过程中学到了什么新东西?如果有人要进行同样的行动,我会给他什么建议?接下来我们该做些什么?哪些是我们可直接行动的?

4. 准备应对可能的任何挑战和风险

该环节建议各领域的专家或负责人(产品 leader、技术 leader、运营 leader、PMO 等)一起头脑风暴讨论产品可能面临的挑战和风险,并将可能性和重要性由高到低依次排列,对于重要性及可能性直接面临的挑战或风险,在不偏离任务轨道的情况下做好应对这些挑战的预备方案。

5. 制订并严格执行产品里程碑时间计划表

产品里程碑时间表有助于团队内部及其他相关项目参与者对完成目标的时间进度和节奏有一个清晰的认识,并以此推进项目的开展,通过为每个产品里程碑指定特定的时间框架来保持团队的责任感和节奏感,以保证产品可以准时进入市场。但需要注意的是,里程碑时间节点的制定需要尽可能地合理,过于严苛的时间会导致大家的心理压力过重,影响最终产出的效率和质量,在理想的时间条件下再加上可能的风险缓冲的时间带制定计划或策略会更加有指导性。

综上,首先,要明确产品规定的意义和价值,这样能更好地理解接下来的产品规划工作,也能保证接下来的产品规划的落地性。其次,产品规划的关键是想清楚要实现的关键目标,根据这些目标,才能正确做出合理的、比较好的产品规划。最后,产品规划要保证输出和落地性,可以多采用工具,比如产品画布等,要做好团队人员的分工等工作,保证产品规划的完整落地。

任务二　如何制定市场营销策略

(一)市场营销的意义与本质

一个好的产品是技术研发人员和市场营销人员共同努力的结果。如果没有市场营销人员对客户需求的洞察,技术研发人员就很容易研发出客户不愿意购买的产品,从而导致产品在商业上的失败。

现任清华大学经济管理学院市场营销系博士生导师郑毓煌教授和美国哥伦比亚大学教授、营销大师诺埃尔·凯普曾经一起在《清华管理评论》上联合署名发文,指出:"市场营销是企业最核心的竞争力,也是企业最核心的职能。没有之一。"因为客户决定了企业存在的意义。没有客户,任何企业都将无法生存,只有客户能为企业贡献收入和利润,而市场营销正是企业创造并留住客户的能力。

市场营销的本质是理解客户需求,提供有价值的产品或服务,并将其传达给目标受众,从而促进业务的增长和盈利。营销不仅仅是销售产品和服务,它还包括了品牌形象的建设、市场研究、客户关系管理、促销活动等多种策略和技术的综合运用。营销的目标是与客户建立长期的关系,提供他们需要的产品或服务,并提高品牌认知度和忠诚度,实现企业的长期利益。

其核心:了解客户需求并满足客户需求。这与具有科班背景的市场营销实战派的市场营销专家胡超在其《极简市场营销:一本书做好市场营销》中的定义不谋而合,对于企业初创者来说也易于理解和消化。

(二)市场营销管理全局

胡超在其《极简市场营销:一本书做好市场营销》中提出无论是三年市场营销战略、年度市场营销计划,还是日常具体的市场营销工作,都必然涵盖市场营销管理的八大经典模块。在这里,因为篇幅有限,简要地介绍这八大经典模块,供读者一个全局的了解。

八大模块具体指市场洞察、客户细分、目标客户选择、定位与品牌、市场营销组合、量化指标与结果追踪、团队架构与考核指标、黑客增长。这八大模块中的前四个模块,也就是市场洞察、客户细分、目标客户选择和定位与品牌是市场工作的"前半段",这一段是在"了解客户需求":分析并决定为哪些客户提供什么样的差异化定位和(与定位对应的)品牌;而这八大模块中的后四个模块市场营销组合、量化指标与结果追踪、团队架构与考核指标、黑客增长是市场工作的"后半段",这一段就是在付诸行动"满足客户需求",即做出"品牌",向客户兑现我们的承诺,如图6-1所示。

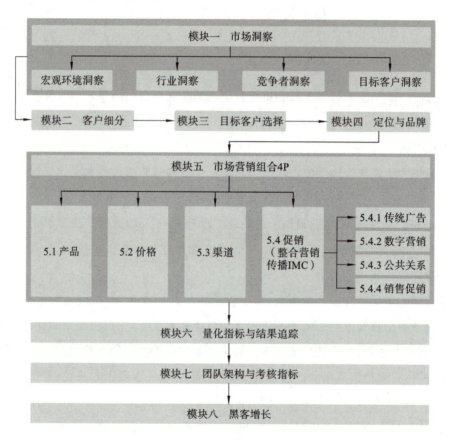

图6-1 市场营销管理八大经典模块

模块一:通过市场洞察了解宏观环境、了解行业、了解竞争者和了解客户。

模块二:进行客户细分,因为客户是多样化的。

模块三:从若干客户细分市场中找到最有利的一个或几个部分,也就是进行目标客户选择,决定我们只服务谁。因为我们的能力是有限的,所以我们锁定一个(或几个)客户领域让自己的能力发挥到极致,让自己有绝对竞争力。

模块四:确定我们要占领客户心智中的哪个位置,也就是定位;同时,为了实现占领这个有差异化的位置,我们决定具体给客户什么样的包含功能利益和情感利益的承诺,也就是我们的"品牌"承诺。

模块五：通过市场营销组合来兑现我们对品牌的承诺。市场营销组合，也就是大家熟知的 4P，包含产品、价格、渠道和促销。

模块六：量化指标与结果追踪，是为市场营销工作建立导航系统，设定目标、追踪过程和结果。

模块七：团队架构与考核指标，是为市场营销工作建立对的团队，并用对的考核指标激发团队使命。

模块八：黑客增长，是用高速度、跨职能的试验来驱动增长，来提升所有市场营销工作环节的效率。

八大经典模块是市场营销管理的全局，也就是我们说的市场营销管理的完整体系。

前半段的工作更多的是信息收集、分析和决策，这里产出的是取舍和与差异化相关的决策，所以需要的是市场营销团队的脑力；虽然市场洞察需要每时每刻地进行与积累，但客户细分、目标客户选择、定位与品牌（策略）一旦完成，就需要较长一段时间来稳定，所以不需要高频更新。

而后半段的工作是市场营销团队的日常，这里产出的是市场营销工作的短期和长期结果。虽然团队架构与考核指标制定之后也会有一段时间的稳定性，但市场营销组合、量化指标与结果追踪和黑客增长的工作需要每日甚至每时每刻地执行和优化。所以 90% 以上的人力（数）、体力、时间和市场花费都被投入到后半段。

(三)初创企业的市场营销策略

1. 明确目标客户和目标市场

虽然公司一般不可能在大型、广泛或多样的市场中与所有顾客建立联系，但是可以将市场划分为具有不同需求的消费者群体。接着，公司需要确定哪些细分市场是可以有效服务的，这一决策需要对消费者的行为进行思考。正确识别和满足细分市场进而明确目标客户和目标市场通常是营销成功的关键。

这与上面市场营销管理八大经典模块中的第二个和第三个模块"客户细分"和"目标客户选择"的意思类似，而在实战中，"客户细分"和"目标客户选择"是紧密相连的前后两个工作，并且通常一起做，这两个模块是在合力回答一个问题：我们"只服务谁"。其核心驱动力是：面对竞争，让我们有差异化的可能！

"客户细分"就是用一个或几个维度来将客户分群。将客户分群的"维度"可以是地域、年龄、可支配收入、性别、家庭角色、对某个产品性能的关注度等。同时，切分维度越多，则客户分得越细。但不是分得越细越好，而是要恰到好处。这个恰到好处指的是：每个细分市场可以被差异化地描述,且每一个细分市场的量级也够大(sizable market),否则面对无法描述或量级实在太小的细分市场,我们无法操作也难以创造足够的价值,当然,这样的市场细分也就没有意义了。

"目标客户选择"是从所有的子客户群中只选择部分作为主攻目标。当下的市场竞争已经很难让一个产品适合所有人,所以企业会选择若干个子客户群作为主攻目标,其产品只用于满足这些人群,因为这样能让自己面对这群人的时候足够匹配,并且相对竞争对手有足够的差异化和竞争力。

"网格模型"是在客户细分和目标客户选择时的实用工具。"网格模型"的优势是能将客户细分和目标客户选择的过程结构化、"可视化",并且方便团队之间的理解和沟通。假设你脑子里面有十几个子客户群,我脑子里面也有十几个子客户群,我们要想沟通清楚是怎么细分的,并且怎么选出其中的哪几个,很难且效率低。

拿长城汽车的案例来说,"客户购车价格区间"和"客户偏好车辆类型"被用来将客户分群的维度分别是网格模型中的"横轴"和"纵轴"。横轴有五个分区:15万元以下、15万元到30万元、30万元到50万元、50万元到80万元和80万元以上。纵轴有三个分区:轿车、越野车和MPV。这样横轴和纵轴的"横竖交集"则产生了15个客户细分子人群,一目了然。最终B2A1和B2A2两个子客户群被作为目标客户选择的结果,也就是"偏好价格在15万元以下的越野车客户"和"偏好价格在15万元到30万元的越野车客户"是主攻目标客户。在不久的将来,B2A3,即"偏好价格在30万元到50万元的越野车客户"也可能被新增纳入主攻目标客户之一(见图6-2)。

客户购车价格区间(单位:元)

		A1	A2	A3	A4	A5
		15万元以下	15万元到30万元	30万元到50万元	50万元到80万元	80万元以上
客户偏好车辆类型	B1 轿车					
	B2 越野车	目标客户选择1	目标客户选择2			
	B3 MPV					

图6-2 长城汽车客户细分和目标客户选择的"网格模型"

此外,要明确目标客户和目标市场,需进行市场研究和调查。以下是一些方法。

(1)定义产品或服务的特性和优势。明确产品或服务解决了哪些问题,以及明确产品具有的特性和优势,可以帮助确定潜在客户,进而指导市场调查的方向。

(2)进行目标客户调查。通过调查目标客户的需求、喜好、购买行为等信息,明确对产品或服务感兴趣的人群,以及他们的决策过程和反应方式。

(3)监测竞争对手。了解竞争对手在市场中的表现和品牌定位,可以帮助初创企业发现市场空白和机会。

(4)进行市场分析。对市场规模、增长率、竞争格局等因素进行分析和评估,可以帮助初创企业确定最优的市场定位和目标市场。

综合上述方法,初创企业可以逐步明确产品或服务的目标客户和目标市场,并制定相应的营销策略。

值得一提的是,在评估不同的细分市场时,公司必须考虑两个因素:细分市场的总体吸引力,公司的目标与资源。一个潜在的细分市场在上述五个标准下得分如何?它是否具备使其拥有一般吸引力的特征,例如规模、成长性、盈利性、规模经济和低风险?考虑到公司的目标、能力和资源,投资这个细分市场是否有意义?一些有吸引力的细分市场可能和公司的长期目标不一致,或者公司可能缺少一种或多种必要的能力来提供更优价值。

2. 定位:占领一个差异化的位置

营销人员其实一直在用一个相似功能的词"差异化"(differentiation),定位理论让差异化这件事情变得更加具体、更加体系化,也更加高级了。

定位的极简定义是:在客户心智中占领一个差异化的位置。它的含义包括"我们是谁""我们做什么"和"我们有何不同"。

定位具体怎么做呢?有四种定位方式:领导者定位、挑战者定位、市场跟随者定位和市场利基者定位。

(1)市场领导者在相关产品市场上拥有最大的市场份额。要保持领先,领导者必须寻求各种方法来扩大市场总需求、努力保护或提高现有市场份额。

(2)为占有更多的市场份额,市场挑战者采用激进的方法来攻击市场领导者和其他竞争者。有五种常用的攻击方法:正面攻击、侧翼攻击、围堵攻击、迂回攻击和游击战;挑战者也必须选择具体的攻击战略。对于大学生创业者来说,市场挑战者的定位较少,这里就不再赘述。

(3)市场跟随者是一种想要保持现有市场份额又不想兴风作浪的亚军公司。跟随者可以选择扮演伪造者、克隆者、模仿者或者改良者的角色。

- 伪造者。伪造者完全复制领导者的产品和包装,在黑市或者通过地下经销商出售。
- 克隆者。克隆者效仿领导者的产品、名称和包装,但会加以少许变动。
- 模仿者。模仿者从领导者产品中复制一些东西,但是会在包装、广告、定价和选址等方面保持差异性。只要模仿者不展开强烈攻势,领导者就不会对此太过介意。

- 改良者。改良者对领导者的产品进行调整或改良。他们可能会选择在不同的市场销售产品,但往往很可能成长为未来的挑战者,正如许多日本的公司在改良舶来产品之后所做的那样。

(4)市场利基者服务于大公司所忽视的小型细分市场。市场利基的关键是专业化。利基者为特定的顾客群组提供产品和服务以全方位满足其需求,并在此过程中收取溢价。

成功获得市场利基的关键是专业化。下面是一些可能的专家角色。

- 终端用户专家:公司专门为一类终端用户服务。例如,增值转售商为特定的顾客细分市场定制计算机硬件和软件,并在此过程中获取溢价。
- 垂直层次专家:公司专门从事产品-分销价值链的某垂直层次。例如,铜制品公司可能专注于生产原铜、铜制零件或者铜制产成品。
- 顾客规模专家:公司专注于小型、中型或大型客户的某一种。许多市场利基者专门为那些被大公司忽视的小客户提供服务。
- 特定顾客专家:公司只向一个或少数几个客户进行销售。许多公司将全部产品出售给沃尔玛或通用汽车这样的单一客户。
- 地理区域专家:公司只在世界上的特定地点或区域销售产品。
- 产品或产品线专家:公司只生产一种产品或者只有一条产品线。某生产商可能只生产显微镜的镜片,而某零售商可能只出售领带。
- 产品特色专家:公司专门生产某种特定产品或者具有某种特色的产品。Zipcar 租车公司的汽车共享服务针对的就是那些在美国七个主要城市中生活和工作、频繁使用公共交通但仍需每个月使用几次轿车的人。
- 订单生产专家:公司为个人客户定制化生产产品。
- 性价比专家:公司经营市场上最低端或最高端的产品。夏普 AQUOS 就专注于高质量、高价格的液晶电视屏配件市场。
- 服务专家:公司提供一种或者多种其他公司所没有的服务。例如,某银行可能接受电话贷款申请并提供上门服务。
- 渠道专家:公司专攻一条分销渠道。例如,一家软饮料公司开展一项只在加油站提供的大规模服务。

竞争导向在如今的全球市场上非常重要,但同样重要的是,公司不应过分关注竞争者。它们应该平衡对消费者和竞争者的关注。

胡超在实战中创造了一个很实用的"定位脑图",用来巧妙地表达并拆解定位需要涵盖的"我们是谁""我们做什么"和"我们有何不同"这三个要素。并且在"定位脑图"中我们能看到自己的竞争对手是哪些,即参照物品牌是哪些。定位的"一语中的"是对外的,比如将其放在广告中。而定位脑图是用于对内的沟通工具。

定位脑图的制作包含两步:首先,把竞争参照物(品牌)和自己的品牌放进脑图中;然后,分别极简回答"我们是谁""我们做什么""我们有何不同"这三个要素。

案例

在沃尔沃的定位脑图中(见图6-3),沃尔沃被众多竞争参照物(品牌)所围绕;沃尔沃的"最安全的汽车"定位被具体理解和拆解成了:"我们是谁:沃尔沃,源自瑞典";"我们做什么:汽车";"我们有何不同:最安全。"

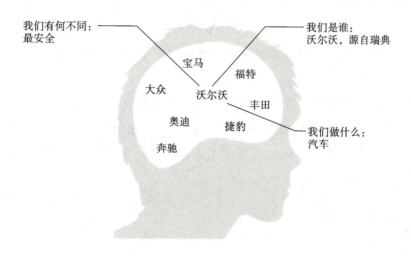

图6-3 沃尔沃的定位脑图

从实操上来说,我们是先做品牌,还是先做定位?如果企业从零开始,当然应该先做定位,因为要先确定我们想占领客户心智中的哪个位置,然后根据这个"位置"的构想来设定品牌的承诺所对应的功能价值和情感价值。鉴于品牌一般是企业后期达到一定的收益后再考虑的事情,而定位对于初创企业是必须做的申请,所以这里不再讨论。

3. 整合营销传播

市场营销需要的不只是开发一个好产品、为它制定吸引人的价格，并让它出现在人们身边。公司还必须向其现有的和潜在的利益相关者及大众进行传播。因此，对于多数营销者而言，问题不在于是否传播，而在于说什么、怎么说、何时说、对谁说以及说的频率。

市场营销组合的第四个P"促销组合"是我们与客户沟通并说服客户的工具和方法。从本质上说，促销组合其实就是大家熟知的、传说中的"整合营销传播"。整合营销传播的定义是：将传统广告、数字营销、公共关系和销售促销这四类工具有机整合；而需要将它们整合的原因是上述四类传播工具在客户的不同购买决策阶段中所能发挥的作用有很大的不同。

整合营销传播的四类传播工具中的无论哪一类其实都包含三个传播要素：目标客户（audience）、传播渠道（communication vehicle）和传播内容（message）。

第一要素，目标客户：前面提及的市场营销管理八大模块中的第二模块和第三模块，也就是"客户细分"和"目标客户选择"合力回答了"只服务谁"，其实就定好了"目标客户"。

第二要素，传播内容："传播内容"的大方向早就被"定位与品牌"决定了，它们是前面提及的市场营销管理八大模块中的第四模块：传播内容始终将围绕我们是谁、我们做什么和我们有什么不同、对客户的那个品牌"承诺"。

第三要素，传播渠道：整合营销传播的四个工具如何配比，即"传播渠道"的组合。

过去100多年，我们看到了非常多的进化和创新，比如搜索引擎、社交媒体、互联网电视、短视频、直播……但从本质上来说，万变不离其宗：在传播三要素中，持续创新变化的领域其实是"传播渠道"这一个要素。

课中实训

实训一　设计你的产品规划画布

请根据所学的"产品规划"内容，与你的创业团队一起为产品设计产品规划画布，并填写下表。

项目六 产品规划与市场营销策略的制定

2.问题/需求 客户急需解决的问题/需求	3.解决方案 具体的解决方案，特别是痛点需求	5.价值主张 为客户创造价值的产品或服务	4.竞争壁垒 找到核心竞争力	1.目标客群 所服务的客户群体分类
	9.关键指标 成功运营必需的重要业务模块		8.市场渠道 企业服务流程中的客户接触点	
6.成本结构 需要多少投资（需要投资多少、钱花在哪些地方、怎么花）？产品的售价应该是多少？利润有多少？多长时间能够回本？			7.收入来源 企业通过向客户提供价值主张而获得的收入	

实训二　制定你的市场营销策略

请根据所学的"市场营销策略"内容，与你的创业团队一起为产品制定市场营销策略，并填写下表。

第一步：明确目标客户和目标市场
第二步：定位——占领一个差异化的位置

续表

第三步:整合营销传播

复盘反思

1. 知识梳理:通过"产品规划与市场营销策略"的学习,你掌握了哪些与产品规划和市场营销相关的知识?请画出思维导图。

2. 应用知识:本项目的学习对你的创业是否有意义?是否会影响到你的创业计划?

3. 方法反思:在完成本项目学习和实训的过程中,你学会了哪些分析和解决问题的方式?

4. 践行反思:在完成本项目学习和实训的过程中,你认为自己还有哪些地方需要改进和提升的?

课后提升

拓展阅读:产品规划的设计理念

产品规划中策略层面的考虑因素帮助我们界定了决策范围,但是这还远远不够,当策略制定之后,我们就需要细化到设计层面,到了产品设计时,功能定义的细节便被提到了讨论当中。

产品规划的设计是秉承以用户为中心的设计理念,以用户体验度为原则,对产品功能和体验进行研究并开展设计。通常可以分为四个等级,形成一个金字塔式的设计理念,如下图所示。

1. 有用:识别需求的有效性,抓住核心需求

对于新产品来说,优先且重要的任务是定义产品对用户"有用","有用"是我们在定义及开发之前需要明确的一个产品方向,确保产品有着明确的功能定义和用户定义。

比如冰箱的核心功能定义是保鲜和冷冻,用户定义自然也是使用这两种功能的群体,如果一个冰箱有着时尚的外观和实用的扩展功能,但就是保鲜或冷冻的功能不够完善,那么对于用户来说,这也是失败的产品,因产品的核心价值对于用户群体没有用。

2. 可用:重塑并保障需求,满足不同的使用场景

当我们了解了产品的方向,那么在开发时就要确保产品"可用","可用"是保障一个产品的审核标准,确保产品不会有功能性 BUG 的出现,确保产品具有安全、速度、兼容、流畅等方面的性能。

比如银行网站的核心功能定义是网上银行,虽然网银满足了"有用",但是却在"可用"上非常差劲,例如不支持非 IE 浏览器,这就导致了非 IE 使用环境的用户无法使用网银功能。

3. 易用:梳理结构流程,便于用户使用

在满足了"有用"和"可用"的前提下,我们才会注重产品的"易用"和"好用",而这两者就包含了诸多细节,需要我们花心思深入挖掘和研究。

"易用"的设计理念就是用户体验,需要我们在产品设计时,充分考虑用户行为习惯和使用场景,减少用户的学习成本、使用成本。

比如 QQ 邮箱和网易邮箱,如果根据天或周批量删除邮件,在选择项上面,QQ 邮箱只需要操作两步,但是网易邮箱就要操作很多步,从这个细节上就可看出用户体验,网易无形中增加了用户的使用成本。

现如今垃圾邮件和无意义的订阅邮件越来越多,当一个邮箱使用很久之后,每天都会收到一些需要删除的邮件,因此删除功能对于邮箱使用者来说,也是比较重要的一个功能,因此 QQ 邮箱在易用性上就超越了网易邮箱。

4. 好用:优化设计界面,符合用户群体喜好

在满足了以上三个条件之后,产品在追求用户体验的层面上就会注重视觉的表现,从视觉图像上激发和提升用户的潜意识操作行为,减少用户的思考时间。

UI 设计的最高境界就是提升用户的操作效率,通过色调影响用户的操作习惯,用颜色或图形明确产品功能/内容的主次和展示,让用户不用想就知道如何操作,这也是一种界面语言。

产品设计的四大理念可以帮助我们有效地识别功能定义和用户定义,并且根据设计理念决策需求的优先等级。在产品发展的过程中,首要的问题是先保证完成产品的核心功能,确保产品对于用户"有用"和"可用",然后快速迭代来完善并改进,优化产品的"易用"和"好用"。

项目七　创业资源的获取

学习目标

1. 了解创业资源的内涵与分类；
2. 理解获取创业资源的方法；
3. 掌握为创业融资的方法，学会撰写创业计划书以及进行创业项目路演。

思维导图

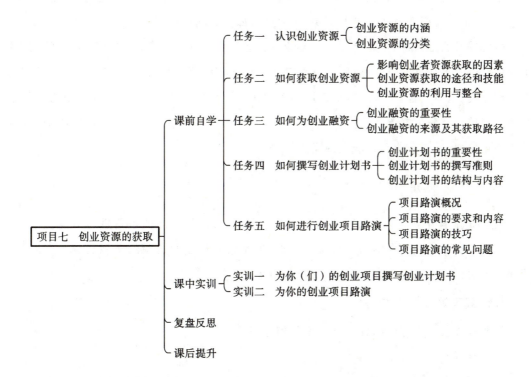

课前自学

任务一　认识创业资源

创业的前提条件之一,就是创业者拥有或者能够支配一定的资源。

(一)创业资源的内涵

概括地讲,创业资源是企业创立以及成长过程中所需要的各种生产要素和支持条件。对于创业者而言,只要是对其创业项目和新创企业发展有所帮助的要素,都可归入创业资源的范畴。因此,在创业过程中,创业者应当积极拓展创业资源的获取渠道。

创业资源对于创业活动的意义不仅在于量的积累,还应当看到各类创业资源重新整合、获得竞争优势的过程。从这一角度看,创业活动本身就是一种资源的重新整合。因此,在创业过程中,不仅要广泛地获取创业资源,更要懂得如何利用这些资源。

需要提及的是,新创企业所拥有的创业资源必须加以有效整合,才能形成企业的核心竞争优势。资源整合,就是把企业所拥有的自然资源、信息资源和知识资源在时间和空间上加以合理配置、重新组合,以实现资源效用的最大化。必须注意的是,这种资源效用的最大化,并非是简单地将各项资源各安其位、各司其职,而是能够通过重新整合规划,创造企业独特的核心竞争力,实现企业在市场上的竞争优势。

(二)创业资源的分类

创业资源是新创企业及成长过程中必需的资源,可以从不同的视角进行分类。尽管学术界对创业资源类型的界定尚未有统一标准,但是目前从创业资源的多视角分类有助于人们深入理解创业资源的来源、构成以及资源的获取与整合。

1. 按其来源分类

创业资源按其来源可以分为自有资源和外部资源。

1)自有资源

自有资源是指创业者或创业团队自身所拥有的可用于创业的资源,如自有资金、技术、创业机会、自建的营销网络、受控的物质资源或管理能力等。甚至有时候,创业者所发现的创业机会就是其所拥有的唯一创业资源。在这个问题上，我们也许可以从阿玛尔·毕海德的话中得到启示："准创始人中绝大部分面临的最大挑战不是筹集资金，而是如何在没有资金的情况下把事情办好的智慧和干劲。"

自有资源可以通过内部培育和开发，企业可通过一定的方式在内部开发无形资产、培训员工以及促进内部学习，获取有益的资源。

2）外部资源

外部资源是指创业者从外部获取的各种资源，包括从朋友、亲戚、商业伙伴或其他投资者筹集到的投资资金、经营空间、设备或其他原材料等，或者通过提供技术支持或解决方案来换取资金和资源支持。外部资源是实现企业成长的重要来源。由于企业受自有资源"瓶颈"的影响，所以需要获取适合本企业发展的新鲜资源，其中的关键是拥有资源的使用权并能控制或影响资源的部署。自有资源的拥有状况（特别是技术和人力资源）会影响外部资源的获得和运用。

2. 按其存在形态分类

创业资源按其存在形态可以分为有形资源和无形资源。

1）有形资源

有形资源是指具有物质形态的、价值可用货币度量的资源。有形资源包括实物资源和财务资源两部分。

2）无形资源

无形资源是指具有非物质形态的、价值难以用货币精确度量的资源，如信息资源、人力资源、政策资源，以及企业的信誉、形象、专利、商标等。无形资源往往是撬动有形资源的重要手段。

资源基础理论认为，当企业拥有并且利用具备以下特征的资源和能力时，企业就能建立起持久竞争优势（sustainable competitive advantage，SCA）。

（1）有价值，因为这些资源能利用某些市场机会。

（2）稀缺，因为这些资源对所有竞争对手来说并不充足。

（3）难以复制，因为竞争对手无法简单复制它们。

（4）无可替代，没有可供替代的其他资源。

为什么这四种特征如此重要？当企业拥有或控制具备这四种特征的资源时，企业就可以抵御来自竞争对手的压力。如果创业企业能够保护好这些资源，并且保持住这四种特征，就将长期具备竞争优势。如果创业企业成立时只具备部分特征而不具备其他特征，则仍然可以展现出短期或者较小的优势。如果企业具备所有这些特征，但是没有全力以赴，也没有有计划地去保护这些资源,其竞争优势可能会受到影响。如果创业者的目标是为创业企业获得持久的竞争优势,那么创业者必须创建一个包容性好、回报率高的基业长青型组织。不然的话,创业者就会沦落为失败者,他的资源和能力会在"极具破坏力的资本主义"(destructive capitalism)的威力下迅速耗尽,并被迫退出经营领域。

创业小贴士

凡自主创业并正常经营 6 个月以上的高校毕业生可申请一次性创业补助 3000 元;高校毕业生在见习期间,生活补助标准原则上按所在地最低工资标准发放。以上两项政策,高校毕业生可任选一项,不可同时享受。登记失业的高校毕业生自主创业,取得营业执照并正常经营 6 个月以上的,可向创业所在地的人力资源和社会保障部门申请一次性创业补助,补助标准为每人 3000 元(具体请以各地扶持政策为准)。

任务二　如何获取创业资源

(一)影响创业者资源获取的因素

资源获取是在识别资源的基础上,得到所需资源并用于创业过程的行为。对于新创企业而言,是否能够从外界获取所需资源,首先取决于资源所有者对创业者或创业团队的认可,而这一认可在很大程度上取决于创业项目的商业价值。创业项目为资源获取提供了杠杆,一个能被资源所有者认同的、有价值的创业项目,才有助于降低创业者获取资源的难度。

除了创业项目的商业价值,影响资源获取的因素还有很多,其中主要因素有社会网络、创业者的管理能力和创业者的资源整合能力等。

1. 社会网络

社会网络是多维度的,能够提供企业正常运转所需的各种资源,也是新创企业最重要的资源获取来源之一。社会网络是隐性知识传播的重要渠道,它能促进信息(包括技能、特定的方法或生产工艺等)的快速传递,同时还可以大大降低企业的交易成本,帮助获取与企业需求相匹配的资源。因此,社会网络对于创业资源的获取具有重要意义。

研究表明,社会网络的关系强度、关系信任以及网络规模对创业资源的获取有正向影响。由于大学生的大部分时间都在学校内读书学习,因此他们很少有机会接触社会,这就造成了大学生的社会网络中几乎没有政府网络、商业网络的存在。因此,大学生创业者应注意强关系网络的维护和利用。强关系网络的主体通常以家庭、亲戚、朋友为主,与这些关系的频繁、密切接触,能使大学生创业者更易于获取资金、技术、人力等运营资源及有益的创业指导和建议。

不同的社会网络和网络地位,为人们之间的沟通协作提供了不同的渠道。在社会网络中处于优势地位的创业者,有较好的社会关系网络,能有针对性地对不同对象传递商业创意的不同方面,能有目的地获取不同资源所有者的不同理解和信任,最终能成功地从不同的网络成员那里获取所需的不同资源,从而为自己的创新创业提供基础。

2. 创业者的管理能力

创业资源获取的关键往往取决于企业的软实力。创业者的管理能力是企业软实力的主要表现,管理能力越强,获取资源的可能性越大。创业者的管理能力可以从其沟通能力、激励能力、行政管理能力、学习能力和外部协调能力等多方面予以衡量。

良好的沟通能力可以使创业团队表现出坚强的凝聚力,拥有更强的行动力,从而使创业团队更容易获取必要的外在资源;团队激励与合作有助于企业综合能力的提升,产生团队外溢效果,使创业团队能够获取必要的资产和资源;较强的行政管理能力有利于创业者将各种资源进行较完美的匹配与组合,使企业的正常运作更有效率,企业因而会根据成员的要求和组织发展的需要,去吸引更多的人力资源和其他无形资产;学习能力则可以不断地使创业者提升自身的管理能力,使创业者了解外部市场的变化和初创企业内部的需求,对其做出理性判断,并运用一定的方式获取企业所需的资源;外部协调能力是创业者个人才能的对外应用,创业者的外部协调能力越强,与合作者(如供应商、销售商等)达成一致的可能性就越大,创业者就可以利用外部资源为企业服务,为企业创造良好的发展环境。

3. 创业者的资源整合能力

资源整合能力是指创业者在创业过程中,以人为载体,在资源整合过程中表现出的对资源的识别、获取、配置和利用的能力。

创业资源在未整合之前大多是零散的、一般性的商业资源,创业者要发挥其最大的效用,使其转化为竞争优势,为企业创造新的价值,就需要运用科学的方法将其进行优化配置,将有价值的资源充分整合起来,使其发挥出"1+1>2"的放大效应。

(二)创业资源获取的途径和技能

1. 创业资源获取的途径

创业资源的获取来自两个方面,一是自有资源,二是外部资源。创业资源获取的途径包括市场途径和非市场途径。

市场途径是指通过支付一定的费用在市场上购买相关的资源;非市场途径则是指通过社会关系,用最小的代价甚至是无偿获取资源。

显然,创业者自有资源往往是通过非市场途径获取的。由于起步阶段的创业者/团队可能面临资金短缺的问题,几乎很难通过购买的方式获取创业所需的各种外部资源,因此非市场途径(通过社会关系,用最小的代价甚至是无偿获取创业资源)成为创业者的首选。

获取外部资源的关键在于拥有资源使用权或能控制和影响资源配置。对于特定的创业资源,创业者应当根据创业项目及自己的实际情况综合考虑获取的方法。

创业资源获取的关键往往取决于企业的软实力。无形资源往往是撬动有形资源的重要杠杆。

2. 创业资源获取的技能

创业过程由机会启动,在创业团队建立以后,创业者就应该设法获得创业所必需的资源,这样才能顺利实施创业计划。为了合理获取、利用资源,创业者往往需要制定设计精巧、用资谨慎的创业战略,而创业团队则是实现创业目标的关键组织要素。为此,创业者或创业团队必须具有强的领导力和沟通能力,能够适应市场环境的变化,其中沟通能力是尤为重要的一种能力。

为了获取创业资源,创业者及其团队应该有较好的人际沟通能力、沟通技巧以及顺畅的沟通机制。

人际沟通能力是指通过情感、态度、思想、观点的交流,建立良好协作关系的能力。有效性和适当性是评价沟通能力的重要指标,有效性即沟通行为有助于个人目标、关系目标实现的程度;适当性即沟通行为与情境和关系保持一致的程度。

沟通技巧是指个人或群体在交流过程中,为了有效、准确地传递信息、理解对方、建立共识、解决问题或达成目标而采用的一系列方法和策略。沟通技巧涉及许多方面,如简化运用语言、积极倾听、重视反馈、控制情绪等。虽然拥有沟通技巧并不意味着会成功获取创业资源,但缺乏沟通技巧会使创业者遇到许多麻烦和障碍。

在获取资源的过程中,与各方沟通是必不可少的,因此,创业者及其团队必须与各方建立顺畅的沟通机制,派出有沟通能力的团队成员负责与各方沟通,这是获取创业资源成功与否的关键因素。沟通在创业者获取资源的过程中扮演着重要的角色,这一点得到了"两个70%"的研究结论的直观证明。

第一个"70%"是指企业的管理者,实际上有70%的时间用在沟通上。开会、谈判、谈话、做报告是最常见的沟通形式,撰写报告实际上是一种书面沟通的方式,对外的拜访、约见也是沟通的方式。

第二个"70%"是指企业中70%的问题是由沟通障碍引起的。例如,企业常见的效率低下的问题,实际上是出现了问题后,大家没有沟通或不懂得沟通所导致的。另外,企业执行力差、领导力不高的问题,归根到底都与沟通能力的欠缺有关。

人与人之间以及企业与企业之间良好感情的建立,都是双方持续不断地顺畅沟通的结果。创业者获取资源、整合资源的过程就是与新创企业内、外部的资源供给者充分沟通的过程。在企业外部,创业者需要与外部的投资者、银行、媒体、同行从业者、消费者、供应商等建立良好的关系与合作,获得对方的信任,消除利益分歧,争取对方的扶持与帮助,取得共赢;在企业内部,创业者需要通过顺畅沟通、鼓舞士气、吸引人才、留住人才,进而提升企业运营绩效。

(三)创业资源的利用与整合

创业者能否成功地发现机会,进而推动创业活动向前发展,通常取决于他们掌握和能整合的资源,以及对资源的利用能力。许多创业者早期能获取与利用的资源比较匮乏,而优秀的创业者在创业过程中所体现出的卓越技能之一,就是创造性地整合、转换和利用资源,尤其是能够创造持续竞争优势的战略资源,并由此成功地发现创业机会,推进创业向前发展。

例如,蒙牛在创业初期,显性资源几乎没有,也就是说,资金、奶源、厂房、销售渠道几乎没有,后来牛根生和他的团队利用自己在伊利创建的人脉资源、信誉资源以及内部团队的智力资源等隐性资源,将各种显性资源一一整合起来,2009年年报显示蒙牛实现净利润创历史新高。

牛根生曾说:蒙牛的企业文化中有"4个98%"——资源的98%是整合,品牌的98%是文化,经营的98%是人性,矛盾的98%是误会。在这里,第一个98%就是资源整合,可见资源整合在创业资源开发中的重要性。

成功的创业者创造性地整合、转换和利用资源的途径一般有两种,即有效利用自有资源和发挥资源的杠杆效应。从一些成功创业的案例中可以发现,有些创业资源在初创期可能是通过利用自有资源而来的,而在下一个阶段,创业者则可能发挥资源的杠杆效应,或者使其兼具其他模式的特征。

1. 有效利用自有资源

大部分创业者因为受到有限资源的约束,被迫寻找创造性的方式开发商机去建立企业,并推动企业的发展,学术界用"bootstrapping"一词来描述这一过程中创业者利用资源的方法。这种方法主要是指在缺乏资源的情况下,创业者分多个阶段投入资源,并且在每个阶段或决策点投入最小的资源,因此也被称为"步步为营法"。

步步为营法的主要策略是成本最小化,设法降低资源的使用量,降低管理成本。但过分强调降低成本,会影响产品和服务质量,甚至会制约企业的发展。例如,为了求生存和发展,有的创业者不注重环境保护,或者盗用别人的知识产权,甚至以次充好。这样的创业活动尽管在短期内可能赚取利润,但长期而言,会影响企业的发展。所以,需要有原则地运用成本最小化的步步为营法。

步步为营法的策略还表现为自力更生,最大限度地减少对外部资源的依赖,最大限度地发挥创业者投在企业内部资金的作用,目的是降低经营风险,加强对新创企业的控制。很多时候,步步为营法不仅是一种做事最经济的方法,也是创业者在资源受限的情况下寻找实现企业理想目标的途径,更是在有限资源的约束下获取满意收益的方法。习惯于运用步步为营法的创业者会形成一种审慎控制和管理的经营理念,这对企业的成长与向稳健成熟发展期过渡尤其重要。

在兼顾企业使命的情况下,创业者运用步步为营法时仍有可供选择的余地。例如,创业者可以通过申请政府创立的创业园或创业孵化器,享受免费办公室,与其他创业者一起共享办公设备等,也可以利用兼职人员、招聘实习生。总之,在实现创业目标的过程中,创业者能够独辟蹊径地找到许多降低成本的方法。

2. 发挥资源的杠杆效应

资源的杠杆效应是指以最小的付出获取最大的收获,通常有以下几种表现形式。

第一,利用一种资源换取其他资源。

第二,创造性地利用别人认为无用的资源。

第三,能够比别人有更长的时间占用资源。

第四,借用他人或其他公司的资源来达成创业者自身的目的。

第五,用一种富裕资源弥补一种稀缺资源,使其产生更高的附加值。

杠杆效应对推动创业活动具有重要的意义,因此,创业者要在创业过程中训练自己发挥资源杠杆效应的能力。

对于创业者来说,由于初期资金缺乏、时间紧迫,最容易产生杠杆效应的资源就是创业者自身的素质和能力以及社会资源等非物质资源。就创业者的素质与能力来说,如果创业者具有能够识别一种没有被完全利用的资源的能力、将某种资源运用于特殊方面的能力及说服资源拥有者让渡使用权的能力,这都能使资源发挥出杠杆效应。

就社会资源的杠杆效应来说,社会资源存在于社会结构之中,为人们进行交易、协作提供了便利。在外部联系人之间,社会交往频繁的创业者所获取的相关商业信息更加丰富,这有助于提升创业者对特定商业活动的深入认识和理解,从而使创业者更容易识别出常规活动中难以被其他人发现的顾客需求,进而更容易获得财务和物质资源——这正是其杠杆作用所在。

任务三　如何为创业融资

(一)创业融资的重要性

1. 创业融资的概念

创业融资是指初创企业根据自身发展的需求,结合生产经营、资金需求等现状,通过科学分析和决策,借助企业内部或外部的资金来源渠道和方式,筹集生产经营和发展所需资金的行为和过程。

2. 创业融资的重要性

人们很少接触到筹措投资资本的过程,直到他们开始为自己的企业筹集资金。因此,许多创业者在需要筹集资金时不知所措,因为他们缺乏该领域的经验并且对可选择的渠道知之甚少。这种缺陷可能导致企业所有者过度依赖于某些资金来源,而对其他来源未给予足够的重视。创业者需要尽可能了解筹资的全部可利用渠道。此外,筹集资金时需要平衡各方利益。虽然企业可能需要为生存而筹集资金,但创始人通常并不希望与那些不理解或不关心企业长期目标的人打交道。

对创业者来说,创业融资具有非常重要的意义,主要表现在以下四个方面。

(1)创业融资是创业者及时抓住创业机会的重要手段。据有关调查,80.1%的大学生认为"缺乏启动资金"是创业最大的障碍。

(2)创业融资是初创企业生存发展的基础。如果把企业比喻成一辆汽车,那么资金就是使企业这辆汽车开动起来的汽油。资金不仅是企业生产经营过程的起点,更是企业生存与发展的基础。企业资金链的断裂很可能导致企业破产。

(3)合理融资有利于降低创业风险。初创企业使用的资金,是从各种渠道借来的,都有一定的资金成本。因此,合理选择融资渠道和融资方式,有利于降低资金成本,将初创企业的财务风险控制在一定范围之内。

(4)科学的融资决策有利于企业的可持续发展,为初创企业植入"健康的基因",保证企业的健康持续发展。

3. 为何大多数新创企业需要融资

许多创业者会因为企业出现了筹集资金的需求而感到惊讶,他们中的许多人在创办企业时都试图由企业内部提供所需的全部资金。然而,创业者通常会发现,在没有投资资本或借款的情况下经营企业要比他们预想的难得多。因此,对创业者而言,重要的是应了解投资资本在新企业的后续成功中所起的作用。

大多数创业型企业早期需要筹集资金有三个原因:现金流挑战、资本投资和漫长的产品开发周期。表 7-1 展示了新创企业需要融资的原因。

表 7-1 新创企业需要融资的三个原因

现金流挑战	资本投资	漫长的产品开发周期
在销售产生现金之前,必须购入存货、培训员工和支付工资及广告费用	购买房地产、建造厂房和采购设备的成本通常超出了企业自行提供资金来满足这些需求的能力	有些产品在产生收益之前要经过数年的开发期。前期成本通常超过了企业自行为这些活动提供资金的能力

(二)创业融资的来源及其获取路径

1. 个人融资来源

通常,公司起步所需的种子资金都是由创始人自掏腰包。该领域中有三类资金来源:个人资金、朋友和家人,以及自力更生。

(1)个人资金。

个人资金:涉及财务资源和人力资产。人力资产代表了创始人投入企业的时间和精力的价值。绝大多数创始人除人力资产之外,还向企业中投入了个人资金。

(2)朋友和家人。

朋友和家人是许多新企业的第二类资金来源。通常以贷款或投资的形式出现,但也可能涉及直接赠予、放弃或延期支付薪酬,或减免租金。例如,互联网路由器和交换机的大型生产商思科系统公司(Cisco Systems)就是在其一位联合创始人的父母家中创立的。

创业者向朋友或家人筹集资金时,应当遵循三个准则。首先,应以一种务实的方式提出请求,对于企业的潜力和可能涉及的风险应当作出认真且详细的阐述。其次,如果创业者以贷款形式获得帮助,双方应当签订一份带还款时间表的借据。创业者可以通过律师制订贷款协议。以书面形式规定贷款条款可以减少产生误会的可能,并保护创业者以及向其提供资金的朋友或家人。最后,在寻求经济帮助时,应当向那些能够合理提供帮助的人提出请求。如果亏损会使你的朋友或家人陷入财务困境,那么无论他们愿意提供多少帮助,向他们要钱都不是一个好主意。如果创业者无力向朋友或家庭成员偿还贷款,损害的不仅是他们之间的商业合作关系,还有他们之间的个人关系。

(3)自力更生。

自力更生是新企业获取种子资金的第三个来源。自力更生是指寻找方法,以期利用创新性、创造力、节俭、削减成本、取得拨款或其他方式来避免外部融资需求。据说,史蒂夫·乔布斯及其合伙人斯蒂夫·沃兹尼亚克(Stephen Wozniak)就是通过卖掉一辆大众面包车和一部惠普可编程计算器筹集了1350美元,这就是苹果电脑公司最初的种子资金。

创业者通过自力更生来筹集资金或削减成本的方法有很多,如下。

- 购买二手货而非新设备;
- 与其他企业相互配合采购;
- 租赁而非购买设备;
- 取得客户的预付款;
- 最小化个人支出;
- 避免非必要费用,如奢华的办公室或家具;
- 通过折扣店或 eBay 等在线拍卖,便宜但稳妥地购买商品,而不是在全价商店购买;
- 与其他企业共享办公室或员工;
- 雇用实习生。

虽然几乎对所有的初创企业,我们都强烈推荐自力更生和使用个人资金,但它们也存在一些缺点。削减成本和节省金钱是值得赞许的做法,但是如果这些做法失了分寸,会使企业无法发挥其全部潜力。例如,在社区孵化器或其他初创企业所在的建筑物内租用办公场所,而不是在家工作,可能会物有所值,因为这样可以为创业者提供与他人接触的机会并依靠这些人脉提供社会支持和商业建议。

2. 债务或股权融资

一旦初创企业的财务需求超出了个人资金、朋友和家人以及自力更生所能提供的范围,债务融资和股权融资是最常见的两种资金来源。此时,创业者必须做的事情是,明确公司的需求以及最合适的资金来源。好的筹资方式能够提高企业成功率并为创业者节省大量时间。

正确进行债务或股权融资的步骤如下。

步骤1:明确公司需要多少资金。

步骤2:确定最合适的融资方式。

步骤3:制定策略以吸引潜在投资者或银行家。

步骤1:明确公司需要多少资金。

为完成步骤1,我们需要对已编制的现金流量表和所需的资本支出进行预测和分析。我们必须知道所需资金的具体数额有两个原因:首先,公司不想出现资金短缺的现象,也不想为其不需要的资本支付费用。其次,如果创业者在与潜在贷款人或投资者交谈时无法确定其企业所需的资金数额,那么会给对方留下不好的印象。

创业者最常使用的财务报表有损益表、资产负债表和现金流量表。预测(forecast)是根据企业以往的业绩、当前的状况和未来的计划,对其未来的销量、收入、费用和资本开支作出预估。新企业通常基于销量、初创企业在销售成本(基于销售百分比)方面的行业平均水平以及其他费用来作出预测。预算(budget)是对公司的收入、费用和资本需求所进行的逐项预测,也是进行财务规划和控制的重要工具。

一般来说,企业的财务管理流程,首先是通过编制和分析财务报表来追踪公司过去的财务业绩。这些报表是对企业财务往来的整理和报告。它们能够反映企业的盈亏数额(损益表)、资产和负债结构(资产负债表)以及现金往来情况(现金流量表)。这些报表还能帮助企业认识到与竞争对手及行业平均水平相比所处的位置。大多数企业在进行预测时都会参考过去2~3年的财务报表。其次是做出未来2~3年的预测,包括收入、费用和资本开支。继而将预测结果用于编制企业的备考财务报表,包括备考损益表、备考资产负债表和备考现金流量表,这些报表将与精细的预算共同构成企业的财务计划。最后是对企业的财务状况持续进行分析。财务指标(financial ratio)描述了企业财务报表中各项目之间的关系,它可帮助企业了解其是否实现了财务目标以及在同业竞争中所处的位置。这些指标也可用于评估相应的趋势。

显然,一家全新的企业需要从步骤2即预测开始。正确测算创业所需资金有利于确定筹资数额,降低资金成本。

一般来说,按照资金投入企业的时间,可将创业资金分为投资资金和营运资金。

(1)投资资金。

投资资金发生在企业开业之前,是企业在筹办期间发生各种支出所需要的资金。投资资金包括企业在筹建期间为取得原材料、库存商品等流动资产投入的流动资金,购建房屋、建筑物、机器设备等固定资金,购买或研发专利权、商标权、版权等无形资产投入的非流动资金,以及在筹建期间发生的人员工资、办公费、培训费、差旅费、印刷费、注册登记费、营业执照费、市场调查费、咨询费和技术资料费等所需的资金。

为了较为准确地估算出自己的创业投资资金,创业者需要分类列表,而且越详细越好。一个可靠的办法就是集思广益,想出你所需要的一切,从有形的商品(如场地、库存、设备和固定设施)到专业的服务(如装潢、广告和法律事务等),然后就可以开始逐项测算创业启动所需要支付的费用了,其范围包括新创企业开业之前固定资产的投入、流动资金以及开办费等,如表7-2所示。

表7-2 投资资金估算表

序号	项目	数量	金额/元
1	房屋、建筑场地		
2	设备		
3	办公家具		
4	办公用品		
5	员工工资		
6	创业者工资		
7	市场调查费用		
8	房屋租金		
9	购买存货/原材料		
10	营销费用		
11	水电费、电话费		
12	保险费		
13	设备维护费		
14	员工培训费		
15	开办费		
……	……		
	合计		

(2)营运资金

营运资金是从企业开始经营之日起到企业能够做到资金收支平衡为止的期间,企业发生各种支出所需要的资金,是投资者在开业后需要继续向企业追加投入的资金。企业从开始经营到能够做到资金收支平衡为止的期间称为营运前期。营运前期的投入资金一般是流动资金,既包括投入在流动资产上的资金,也包括用于日常开支的费用性支出所需的资金。

初创企业开办之初,企业的产品或服务很难在短期内得到消费者的认同,企业的市场份额较小且不稳定,企业难以在企业开业之时就形成一定规模的销售额;而且,在商业信用极其发达的今天,很多企业会采用商业信用的方式开展销售和采购业务。赊销业务的存在,使企业实现的销售收入的一部分无法在当期收到现金,现金流入并不像预测的销售收入一样多。规模较小且不稳定的销售额,以及赊销导致的应收款项的存在,往往使销售过程中形成的现金流入在企业开业后的相当长一段时间内,无法满足企业日常的生产经营需要,从而要求创业者追加对企业的投资,形成大量的营运资金。

营运前期的时间跨度往往依企业的性质而不同,一般来说,贸易类企业可能会短于一个月;制造企业包括从开始生产之日到销售收入到账这段时间,可能要持续几个月甚至几年;不同的服务类企业,其营运前期的时间会有所不同,可能会短于1年,也可能会比1年长。

在很多行业,营运资金的需求远远高于投资资金的需求。对营运资金重要性的认识,有利于创业者充分估计创业所需资金的数量,从而及时、足额筹集资金。

营运资金通常在一个运营周期内就可以收回,可以通过短期资金解决,创业者一般至少要准备企业开办前6个月所需的营运资金。营运资金的测算步骤如下。

第一步:测算新创企业的营业收入。

测算营业收入是制订财务计划、编制预计财务报表的基础,新创企业无既往销售业绩可供参照,创业者只能依据市场调查、销售人员意见综合、专家咨询,甚至同类初创企业的销售量等来预测月度、季度乃至年度的销售量,再根据定价估算出营业收入。创业者可以通过表7-3来进行营业收入的预测。

表7-3 营业收入预测

企业名称:_____ 年 单位:元

项目		1	2	3	4	5	6	…	n	合计
产品一	销售数量									
	平均单价									
	销售收入									

续表

项目		1	2	3	4	5	6	…	n	合计
产品二	销售数量									
	平均单价									
	销售收入									
…	…									
合计	销售总收入									

第二步:编制预计利润表。

利润表又称为损益表,是反映企业在一定时期内经营成果的会计动态报表,如表7-4所示。其编制依据是"净销售额－销售成本＝毛利润""毛利润－全部费用＝净收入"。预计利润表中的"净销售额"来源于总销售额减去退货和折扣所得的估计,"销售成本"是指与产品或服务的生产或交付相关的所有直接成本的估算,包括材料成本和直接人工费用,"运营费用"来源于营销、管理成本以及与生产产品或服务没有直接关系的其他费用的估算。

表7-4 预计利润表/损益表

企业名称:_____　　　　年　　　　　　　　　　　　单位:元

	××××年××月××日	示例:2022年某企业损益表
净销售额		326400
销售成本		150500
毛利润		175900
全部费用(包括运营费用、税收和折旧)		114200
净收入		61700

第三步:编制预计资产负债表。

资产负债表也称财务状况表,是反映企业在一定时期内全部资产、负债和所有者权益的财务报表,是企业经营活动的静态体现。资产负债表根据"资产＝负债＋所有者权益"这一会计等式,依照一定的分类标准和要求编制而成,是一种重要的财务报表。其最重要的功用在于确切地反映了企业的营运状况和企业需要外部融资的数额,如表7-5所示。

表 7-5 预计资产负债表

企业名称：＿＿＿＿＿＿＿＿＿＿   年   单位：元

资产	××××年××月××日	示例：2022年某企业损益表
流动资产		
现金和现金等价物		63800
应收账款，减坏账准备		39600
存货		19200
流动资产合计		122600
物业、厂房及设备		
土地		260000
建筑物及设备		412000
物业、厂房及设备合计		672000
减：累计折旧		65000
物业、厂房及设备净额		607000
资产总计		729600
负债和股东权益		
流动负债		
应付账款		30600
应计费用		9900
流动负债合计		40100
长期负债		
长期债务		249500
长期负债合计		249500
负债合计		289600
股东权益		
普通股（100000股）		10000
留存收益		430000
股东权益合计		440000
负债和股东权益合计		729600

步骤2：确定最合适的融资方式。

股权融资和债务融资是最常见的两种融资方式。

(1)股权融资。

股权融资是指用企业的部分所有权（通常以股票的形式）换取资金。天使投资人、私募、风险投资和首次公开募股是最常见的股权融资来源。股权融资不是贷款——收到的资金无须返还。取而代之的是,股权投资者将成为企业的部分所有者。有些股权投资者将进行"长期投资",并满足于通过股票分红等形式获取投资回报。更为常见的是,股权投资者在3~5年的投资期后,希望通过出售股票收回资金并实现可观的资本收益。股票通常在发生清偿事件(liquidity event)之后售出,该事件是指公司将部分或全部股票变现。最常见的三种清偿事件是:上市、寻找买家或与另一家公司兼并。

由于风险因素,股权投资者的要求很高,并且只为他们所考虑的商业计划中的很小一部分提供资金。股权投资者所考虑的企业需具有独特的商机、高增长潜力、明确的利基市场和值得信赖的管理层,才能进入理想的候选名单。相反,不符合这些条件的企业则难以获得股权融资。许多创业者对股权投资者使用的标准并不熟悉,他们在被风险投资者和天使投资人一再拒绝后丧失信心。通常,他们没有获得风险投资者或天使投资人的青睐,原因不在于他们的商业提案不佳,可能因为他们没有达到股权投资者通常采用的严格标准。

股权融资的主要缺点是企业所有者将放弃部分所有权并可能丧失一些控制权。其主要优点则是能够获得资本。此外,由于投资者成了他们所投资企业的部分所有者,因此他们往往还会通过提供专业知识和各种支持来帮助这些企业。与贷款不同,从股权投资者处取得的资金无须偿还。投资者可通过派发股息和出售股票来获得投资回报。

三种最常见的股权融资形式。

①投资天使,又称天使投资人:将个人资本直接投资于初创企业。"天使"一词最早出现在金融领域,是用来描述那些投资于百老汇戏剧的富有的纽约人。投资于创业型初创企业的投资天使,其典型的形象是50岁左右、拥有高收入且富有、受过良好教育的成功企业家,往往投资于其居住地的公司。红杉中国种子基金、李竹的英诺天使基金、徐勇的天使成长营,都是国内知名的早期"天使投资机构"。

投资天使之所以非常有价值,是因为他们愿意进行相对小额的投资。这样一来,只需要7.5万美元的初创企业也可进行股权融资,而不必达到大多数风险投资者要求的100万美元的最低投资规模。许多投资天使不仅仅看重财务回报,他们喜欢指导新企业的过程。大多数投资天使隐姓埋名,并通过中间人与创业者建立联系。想要寻找投资天使,创业者应当谨慎地建立一个关系网,并找出那些可以帮忙做适当引荐的人。在寻找投资天使方面,大学生具有一个优势,即许多投资天使会担任学院或大学赞助的商业计划或商业模式竞赛的评委。有组织的天使投资团体数量也在持续增加。

创业公司一般处于早期的摸索阶段,天使投资人对于公司各方面的要求通常没有中后期风险投资的融资那样苛刻,但公司至少要具备以下特征中的一项。

创新创业实务——筹备篇

- 团队在某些方面(行业经验、技术、研发等)出众,有能力执行公司的长期计划;
- 市场机会足够大;
- 有创新的产品或商业模式,此时公司可能还没有正式开始运营;
- 有清晰的盈利模式,可以是快速变现项目或有前景的稀缺项目;
- 成长较快,比如网站访问量、用户量或产品销量在短期内快速增长。

②风险投资(venture capital,VC)是指风险投资企业向具有较大增长潜力的初创企业和小企业投资的资金。投资天使倾向于在企业生命周期的早期进行投资,而风险投资者则稍后才介入。大部分风险投资资金都是作为后续资金,在企业通过投资天使、政府项目或其他方式取得融资后才跟进。中国的风险投资机构有红杉、IDG(技术创业投资基金)、经纬中国等。

风险投资机构在评估公司时一定会关注其未来的发展空间和资本市场的估值上限,保证成功后会获得足够高的赔率。它们期望被投的公司在未来有 10 倍甚至 100 倍以上的回报机会。创业公司需要考虑的问题便是:我的产品、业务和市场是否具有规模化发展空间,未来是否能实现极高回报?

对于那些符合条件的企业而言,风险投资仍是股权融资的可行方案。获得此类融资的一个好处是,风险投资者在商业圈中交际甚广(这意味着他们与客户、供应商、政府代表等各类人士都联络),并可以在融资之外向企业提供不少帮助。符合条件的企业通常将根据其自身发展阶段,分多次取得资金。一旦风险投资者对企业进行投资,后续仍可进行多轮(rounds)或多个阶段的投资,这也称为后续投资(follow-on funding)。表 7-6 展示了风险投资过程中从种子阶段到收购融资的各个阶段。

表 7-6 风险投资的各轮(或阶段)

轮或阶段	融资目的
种子资金	在创业初期进行的投资,用以资助原型开发和可行性分析。 这时公司刚刚成立,通常只有团队和想法,还没有具体产品。种子融资是一笔提供给创业者的数额相对小的资金,帮助公司从最初的概念阶段进入实行阶段。投资人大多是创业者自己或亲朋好友,当然也包括现在涌现的一些种子轮投资人。这轮融资一般在 50 万元~200 万元之间
启动资金	对那些几乎没有商业化销售但已经基本完成产品开发和市场研究的企业进行的投资。此时,管理层就位,企业商业模式已确定,融资是为了启动生产

续表

轮或阶段	融资目的
A轮融资	在企业已经开始商业化生产和销售但需要融资以提高产能时发生的融资活动。 这是创业公司在种子轮/天使轮之后的第一轮融资。此时公司已经不只有想法和创意，而是拥有可以和竞争对手抗衡的产品，展现出一定程度的产品市场匹配。该产品的用户量和销量对于获取A轮融资至关重要。这轮融资通常有助于公司实现收入增长，常用于研发、运营、品牌营销等方面。这轮融资一般在1000万元～1亿元之间
B轮融资	在企业成功销售产品但需要扩大其产能和市场时发生的融资活动。 经过之前几轮融资后，公司的项目已经有较大发展，商业模式得到市场验证，有的已经显出收入大幅度增长的迹象。这轮融资通常用于建立更强大的团队，推出新业务，或拓展到其他细分市场。这轮融资一般在2亿元以上
C轮融资	在首次公开募股或收购之前对企业进行投资，以使其进一步扩张或弥补其融资需求。 这轮融资通常发生于公司发展的后期阶段，此时项目已经非常成熟，足以证明企业能取得长期成功。投资人通常会考察企业规模、市场占有率、利润水平与同行对比等指标。这轮资金主要用于公司想参与大规模扩张的时期，例如开拓新市场，走国际化路线，或是为上市做好准备。这轮融资一般在10亿元左右
收购资金	提供资金以帮助一家公司收购另一家公司

(2)债务融资。

债务融资涉及获取贷款或出售公司债券。由于新企业几乎不可能出售公司债券，我们将重点讨论获取贷款。债务融资最常见的来源是商业银行和其他金融机构。通常，从银行取得贷款都必须偿付利息。银行不是投资者，因此，银行家感兴趣的是风险最小化、合理抵押贷款以及偿还方式，而不是投资回报率和资本收益。银行贷款的理想候选企业应当具有强劲的现金流、低杠杆率、经审计的财务报表、优秀的管理层和健康的资产负债表。仔细审查这些标准，就能明白为什么初创企业很难获得银行贷款。大多数初创企业都处于其生命周期的开端，不具备银行家想要的那些特征。

表7-7概述了新企业的三个常见特征以及适合每一种特征的融资类型。该表也说明了为何大多数初创企业开始时必须依靠个人资金、朋友和家人，以及自力更生，且必须等待时机才能取得股权或债务融资。大多数新企业在产品或服务创意得到认可并在市场上取得一定成功之前，并不具备银行家或投资者要求的特征。

表 7-7 将创业型企业的特征与合适的融资形式相匹配

企业特征	合适的融资来源
企业具有高风险和不确定的回报率： • 现金流不足； • 高杠杆率； • 中低增长率； • 未经验证的管理层	个人资金、朋友和家人，以及自力更生
企业具有低风险和相对可预测的回报率： • 强劲现金流； • 低杠杆率； • 经审计的财务； • 优秀的管理层； • 健康的资产负债表	债务融资
企业提供高回报率： • 独特的商业创意； • 高增长率； • 利基市场； • 值得信赖的管理层	股权融资

步骤 3：制定策略以吸引潜在投资者或银行家。

制定策略以吸引潜在投资者或银行家可遵循三个步骤。第一步，新企业的主要创业者应准备一份电梯演讲（或推荐）——一份简短、精心准备且概述了商机优势的陈述。为何称为电梯演讲？如果创业者走进大楼 25 层的电梯，且潜在投资者碰巧也在同一部电梯内，那么创业者在电梯从 25 层运行到底层的这段时间内，可以尝试激发投资者对其企业商机的兴趣。大多数电梯演讲都在 45 秒至 2 分钟之间。

在大多数情况下，精心准备的电梯演讲可能会派上用场。例如，许多由大学赞助的创业中心在举办活动时，会让投资者和创业者聚在一起。通常，这些活动安排了社交时间和休息时间，其目的就是让那些寻求融资的创业者与潜在投资者相互交流。表 7-8 提供了一份 60 秒的电梯演讲提纲。

表 7-8 60 秒的电梯演讲提纲

电梯演讲是对你的机会、产品创意、资历和市场进行简短的描述。想象你走进一栋高楼的电梯,并且电梯里有一位潜在投资者;你有大约 60 秒的时间来说明你的商业创意。	
步骤 1:描述机会和待解决的问题	20 秒
步骤 2:描述你的产品或服务如何满足该机会或解决该问题	20 秒
步骤 3:描述你的资历	10 秒
步骤 4:描述你的市场	10 秒
总计	60 秒

吸引潜在投资者或银行家的第二步是创业者的进一步思考,确认最佳可能性,并展开联络。首先,新企业应当仔细评估其可能获得的融资类型(见表 7-7)。然后,整理出一份潜在银行家或投资者名单。例如,如果企业认为自己适合风险资本融资,那么只需做一点调查就可以找到不少潜在投资者。融资并不是越多越好,如果你要价太高,会把投资人吓跑。一般的惯例是,融到足够企业未来 18 个月所需的资金量就可。

吸引潜在投资者或银行家的第三步是准备向投资者或银行家提供完整的商业计划,并在需要时向他们进行介绍。介绍时,应尽可能详尽,并说明新企业为何能够对贷款人或投资者产生吸引力。下一节将详细介绍如何撰写创业计划书。

任务四　如何撰写创业计划书

(一)创业计划书的重要性

几乎所有专家都建议创业者撰写创业计划书,它是一份全面的商业计划书,描述新企业希望完成的目标以及计划如何完成该目标。对大多数新企业来说,此计划书有双重用途,它既可以在企业内部使用,也可以在企业外部使用。

在企业内部,该计划书能促使企业创始人对新企业的各个方面进行系统性的思考,可以帮助公司制定"路线图",在其指导下执行企业的策略和计划。这并非一项微不足道的工作,通常需要几天或几周的时间才能完善一份商业计划书,并且,创始人通常需要在此期间定期会面,以便制订该计划。

在企业外部,企业计划可以向潜在投资者和其他利益相关者,比如向投资者和银行家,介绍企业正在追寻的商机、企业的优势以及企业追寻商机的方案等。

有证据表明,撰写商业计划书是创业者在时间和金钱上的极佳投资。《2015年美国富国银行/盖洛普小企业指数报告》还指出,拥有商业计划书的企业在未来几年内获得的期望比没有商业计划书的企业要高得多。与没有商业计划书的公司相比,拥有商业计划书的企业更有可能在未来12个月内增加员工人数、收入、资本支出,并申请新的信贷额度。

(二)创业计划书的撰写准则

撰写创业计划书或商业计划书会受到多条重要准则的影响。我们应当牢记,企业的商业计划书通常是投资者看到的与企业相关的首个方面。如果该计划书不完整或显得草率,投资者很可能推断该企业也不完整且过于草率。在将商业计划书发送给投资者或任何可能与新企业有所关联的其他人之前,应充分重视商业计划书的结构、内容和样式。表7-9列出了商业计划书中的不足或未达到要求时可能出现的"危险信号"。

表7-9 商业计划书中的"危险信号"

危险信号	说明
创始人在风险投资中没有投入自有资金	如果创始人都不愿意投入自有资金,其他人怎么会愿意投资呢
缺乏依据的计划	计划应当建立在有力的证据和可靠的研究之上,而不是凭空猜测或基于创业者的想当然。计划中应当注明一手资料研究和二手资料研究的来源
将市场范围定义得过于宽泛	如果新企业对市场的定义过于宽泛,则意味着它尚未明确自己真正的目标市场,假如计划书中指出,新企业的目标市场是音乐行业,那么这种阐述毫无意义。市场机会应该得到更好的定义。显然,新企业应当瞄准行业中的某个细分市场或特定市场
过于激进的财务目标	许多投资者直接跳到了计划的这一部分。未经充分论证或不切实际的乐观预测会失去可信度。相反,清晰、合理的论证,配合可靠的研究和判断,能够快速让人信服
任何领域的疏忽	错别字、资产负债表不平衡或者任何领域的疏忽,都会增加阅读难度。这类错误被视为细节上的疏忽,会损害创业者的可信度

此外，太早撰写商业计划书是错误的。商业计划书必须有足够的内涵，并且就新企业的优势获取足够的信息，才能让阅读者相信新企业是值得期待并应该得到支持的。在可行性分析阶段，对潜在的新企业优势进行调查时，就可以积累大量此类详细信息。除了事实和数据之外，商业计划书还需要对新企业未来的可能性有期待——这一任务最好由企业的创建者来完成。

(三)创业计划书的结构与内容

1. 创业计划书的结构

为了给人留下好的印象，创业计划书应当遵循常规结构，比如表7-10所呈现的完整创业计划大纲。尽管有些创业者想要在他们做的每件事上都表现出创造力，但创业计划书通常不宜偏离传统的基本结构。投资者希望拿到的计划书是能够轻松地找到关键信息的。如果投资者因为他所需的内容不在其应有的位置或位于一些不同寻常的位置而不得不自行寻找，那么他很可能放弃转而浏览下一个创业计划。

表7-10是一份完整创业计划的推荐大纲。根据业务性质及创业者的个性，具体的创业计划书可能会有所不同。大多数创业计划书并未包括表7-10中介绍的所有内容；为了完整起见，我们将其全部列出。

表7-10 创业计划书大纲

封面	四、市场分析
目录	市场细分和目标市场选择
一、执行纲要	消费者行为
二、行业分析	竞争对手分析
行业规模、增长率和销售预测	年销售额和市场份额预测
行业结构	五、企业经济效益
参与者的性质	收入驱动因素和利润率
关键成功因素	固定成本和变动成本
行业趋势	经营杠杆及其影响
长期展望	启动成本
三、公司介绍	盈亏平衡表及其计算
公司历史	六、营销计划
宗旨	总体营销策略
产品和服务	产品、价格、促销和分销
现状	销售流程(或周期)
法律地位和所有权	销售策略
关键合作伙伴(如果有)	

七、设计和开发计划
　　开发情况和任务
　　挑战与风险
　　预计开发成本
　　专有权利(专利、商标、版权、许可、品牌名称)
八、运营计划
　　运营基本方式
　　营业地点
　　设施和设备

九、管理团队和公司结构
　　管理团队(包括技能简介)
　　董事会
　　顾问委员会
　　公司结构
十、总体时间表
十一、财务预测
　　资金来源与运用表
　　附录

2. 创业计划书的内容

创业计划书应当就新企业的重要方面提供清晰明了的信息。它必须足够长才能涵盖充分的信息,但又不能过于冗长以至于阅读者失去阅读兴趣。

商业计划书的撰写者最常问的一个问题是:应该写多长以及多详细?这个问题的答案取决于你正在撰写的商业计划书的类型。常见的商业计划书有三种,每种类型在长度和详细程度方面都有不同的要求。三种商业计划书的类型包括简要商业计划书、完整商业计划书和运营商业计划书。

• 简要商业计划书。简要商业计划(summary business plan)书的长度为 10~15 页,适合那些处于发展初期且尚不具备撰写完整商业计划书条件的公司。撰写者可能需要通过融资来开展必要的分析,以撰写完整的商业计划书。令人意想不到的是,经验丰富的创业者也会使用简要的商业计划书,他们可能正在考虑创立新企业,但又不想花时间撰写完整的商业计划书。

• 完整商业计划书。完整商业计划(full business plan)书的长度通常有 25~35 页。与简要商业计划书相比,这种类型的计划书更详细地阐明了公司的运营和规划。为投资者准备的商业计划通常就是这种形式。

• 运营商业计划书。有些已成立的企业会撰写运营商业计划(operational business plan)书,这类计划书主要针对内部受众。运营商业计划书是公司运营的蓝图,通常为 40~100 页。这类计划书显然可以包含大量细节,为运营经理提供指南。

对于大多数创业者来说,特别是对于大学生来说,采用简要商业计划书的类型就够了。简要商业计划书的基本要素包括以下几方面。

(1)摘要;

(2)公司基本情况;

(3)产品/服务；

(4)行业及市场情况；

(5)营销策略；

(6)财务计划；

(7)风险控制。

每个要素的具体内容请参考实训一：为自己的创业项目撰写创业计划书。

在完成商业计划书后，应当对其中的拼写、语法进行检查，并确保没有遗漏任何关键信息。发送给投资者的很多商业计划书都遗漏了重要信息，如重要的行业趋势、公司需要融资的数额或者资金的使用方式等。甚至有人会遗漏创业者的联系方式，如果有投资者对其项目感兴趣，就很可惜。

商业计划书的样式或形式。商业计划书的外观必须得到重视。那些阅读商业计划书的人知道创业者的资源有限，并希望他们采取合理的应对方式。使用具有透明封面和封底的文件夹来装订商业计划书，是一个不错的选择。在撰写计划书时，应避免过度使用文字处理程序中的设计元素，如黑体字、斜体字、不同的字号和颜色、剪贴画等。过度使用这些工具会使商业计划看起来很业余。

如果投资者只要求你提供商业计划的演示文稿或执行纲要而非完整的计划，请不要惊慌，这种情况很常见。如果投资者感兴趣，他们会要求你提供更多的信息。即使最开始时无须提供完整的商业计划书，大多数投资者仍然认为撰写完整的商业计划书的过程十分重要。

认识到计划书中可能发生变化的因素。撰写商业计划书的最后一个准则是认识到计划会随着其撰写的进程和业务的发展而变化。在创业者致力于制订计划并开始接收他人的反馈时，总会出现新的见解。这一过程贯穿公司的整个生命周期，可使创业者对新的见解和创意保持警醒和开放的态度。

商业计划书应当回答的10个重要的问题。

(1)这项业务仅仅是一个创意，还是一个具有真实潜力的机会？

(2)其产品会为客户增加可观的价值吗？是否已经完成了可行性分析？如是，其结果如何？

(3)企业进入的行业是不是一个充满前景、不断发展的行业？企业是否已在行业中找到有吸引力的定位？

(4)企业是否有明确的目标市场？

(5)企业是否拥有能够真正将其与竞争对手区分开来的差异点？这些差异点是否可

持续？

(6)企业是否有合理的营销计划？

(7)管理团队是否富有经验、技能娴熟且能够胜任创办新企业的任务？

(8)企业的运营计划是否合适且合理？

(9)企业作出财务预测所依据的假设是否现实？

(10)是否已正确完成了财务预测？其预测的企业未来是否充满光明？

另外，初创企业开展可行性分析和撰写商业计划书的时候，也是企业开始联合其忠实粉丝和早期推广者的理想时机。这些人对新企业非常关心，能够为企业提供帮助和宣传。本项目的"课后提升"案例1"构建一个忠实粉丝和早期推广者联盟"提供了有关如何联合忠实粉丝和早期推广者的技巧。初创企业的忠实粉丝都在不同程度上成为初创企业成功道路上的合作伙伴。

任务五 如何进行创业项目路演

(一)项目路演概况

项目路演一般指的是企业代表在讲台上向台下众多的投资方讲解自己的企业产品、发展规划、融资计划。路演不仅仅是投资人为了进一步了解产品/服务，更重要的是看你和你的团队是否靠谱、是否有能力把商业计划书的计划落在实处。

项目路演分为线上项目路演和线下项目路演。线上项目路演主要是通过 QQ 群、微信群，或者在线视频等互联网方式对项目进行讲解；线下项目路演主要通过活动专场对投资人进行面对面的演讲以及交流。

很多创业者选择通过路演的方式将自己的项目计划和商业模式呈现给投资者，路演逐渐成为创业者寻找投资人、获得融资的重要路径。

"项目路演"采取自愿报名，审核通过的机制。邀请全国范围内早、中期 TMT 创业项目以及传统行业具备创新模式的项目参加。一般来说，项目路演由 8~10 个创业项目和 8~10 个投资机构代表组成。确保每个项目进行较为充分的展示，并与投资人进行深入的沟通。项目路演主办方及所有参会人员均须承诺：除非得到本人许可，对项目商业秘密和项目路演个人资料进行严格保密，不将项目路演的任何内容用于商业目的。

(二)项目路演的要求和内容

如果商业计划书是相亲前看的照片,那路演就是面对面的相亲。投资人看过商业计划书,愿意邀请你做路演,就说明他/她对你的产品/服务有了一定的认可。所以,路演的内容和你的商业计划书要表里如一。

在做项目路演时,投资人一般会要求企业使用幻灯片进行15~20分钟的介绍,其余时间则用来提问。如果能够给投资人留下深刻印象并想要进一步了解企业,演示者会收到第二次邀约——与投资人及其合伙人会面。这次会面通常会持续较长的时间,并需要进行更详尽的介绍。

在收到投资人的会面邀约后,新企业的创始人应当制作一套幻灯片。幻灯片的展示时间应当与会面时的介绍环节相一致。在大多数商业计划竞赛中,都是采用这种形式。在口头介绍中,首先要听从指示。如果投资人告诉创业者,他有一个小时,其中20分钟是介绍时间,40分钟是问答时间,那么创业者在介绍时就不得超过20分钟。介绍应当流畅并经过良好演练。幻灯片应当切中要点,而不是堆砌材料。

创业者应准时到达约定地点,并做好充分准备。如果需要任何视听设备,但投资人没有提供,创业者应当自行准备。这些安排都应当在会议开始前完成。介绍时应采用通俗易懂的语言,避免使用技术术语。

初创企业的创业者可能会错误地花费过多时间介绍将用于新产品或服务的技术,而没有足够的时间介绍企业本身。表7-11列出了向投资人做介绍时使用的12张幻灯片。创业者常犯的错误就是准备了过多的幻灯片,然后在20分钟的介绍时间内匆匆展示一遍。

表7-11 向投资人做介绍时使用的12张幻灯片

主题	说明
标题页	在开场时介绍公司名称、创始人姓名和公司徽标(如果有)
问题	简要说明待解决的问题或待满足的需求
解决方案	说明企业将如何解决该问题或满足该需求
机会和目标市场	指明特定目标市场。介绍能够为目标市场提供动力的商业趋势和环境趋势
技术	该幻灯片不是必需的,但通常会包含在内。对技术或者你的产品或服务所具有的任何不同寻常的方面进行介绍。不要用过于专业的方式介绍技术。请尽量使你的描述有趣且易于理解

续表

主题	说明
竞争	具体说明企业在市场上的竞争优势,以及如何与更资深的竞争对手展开竞争
营销和销售	简述你的整体营销策略,介绍你的销售流程。如果你已经就人们对产品的感受做了一手资料研究,请报告其成果
管理团队	简述你的现有管理团队。说明该团队是如何组建的,以及团队的背景和专业知识将在企业迈向成功的过程中起到何种关键作用。如果有顾问委员会或董事会,请简要介绍其中的关键人员。如果团队有缺陷,请说明如何填补团队以及何时填补团队
财务预测	对财务状况进行简要论述。强调企业实现盈利的时间、达到目标需要筹集的资金及其现金流实现盈亏平衡的时间。如果需要展示这些信息,可以使用额外的幻灯片,但不要超过限度
现状	根据迄今为止企业达到的里程碑来描述其现状。不要低估你所创造的成就价值
融资情况	明确列出你需要融资的数额和将如何使用这些款项
总结	结束介绍。总结你的企业和团队的最大优势;征求听众的反馈

资料来源:B. Barringer,Preparing Effective Business Plans:An Entrepreneurial Approach,2nd Edition,© 2015,247-259. Adapted by permission of Pearson Education,Inc. ,Upper Saddle River,NJ.

(三)项目路演的技巧

1. 故事是路演的灵魂

为了获得投资人的支持,为了把路演做好,创业者会一遍遍地修改幻灯片,一遍遍地彩排,但是不管文字多精致,演讲者多认真,有些路演总会让人觉得少了灵魂。路演的灵魂是什么?关键时刻,越来越多的企业家选择走到众人面前,亲自展示自己的企业、产品和梦想,展示这个时代企业家的魅力。之后,一个又一个广为人知的故事就开始流传。所以,路演的灵魂是故事。路演中的故事,可以与痛点有关、与产品有关、与情怀有关,故事往往具有一定的说服力。路演中用讲故事的形式把观众带入场景里,引发情感上的触动,从而形成共鸣。因此,故事讲得好不好,直接决定了路演的结果。

但是,讲故事不能无中生有,不能画饼充饥,不能为欺骗找借口,不能"忽悠"投资人从而"骗"到投资,而应该把路演过程中的方方面面融合为一个整体,通过"讲故事"的形式表达出来,从而吸引投资人关注到你,关注到你的项目。

2. 观众是故事的主人公

不管这个故事是用于推销想法、产品、公司或自己,在设计故事时,要明白观众才是故事的主人公,而非你自己,不要以你想要的为起点,请想想观众的问题,让你的产品或者服务帮助到他们,只有这样才能让观众对你的产品感兴趣。在准备故事内容时,应该具备换位思考的能力,以及为他人需求提供解决方案的同理心,考虑观众的真实需求。围绕观众设计推销方式,这样才能设计出一个精彩、能够打动观众的故事。因为主人公是观众,观众的需求是路演的核心;要阐述清楚你的服务/产品怎么帮助他们;而你自己是谁不重要,你的感受也不重要,比如"我觉得"是很糟糕的表达。

为了激起观众的兴趣,要准备恰当的"钩子",把观众的注意力很快吸引过来,这就是良好的开始。例如,根据观众的特点提出问题:"你的上一个投资去年给你带来的回报是多少?我来之前做了调研,随机了解了我身边一些投资人最近一项投资项目的状况,得到了一个平均数,你们想知道这个数字是多少吗?"这样的"钩子"不只限于开始的时候使用,在整个路演过程中,可以随时不定时使用。

路演中为观众准备的故事,应该随着路演内容的展开而不断出现戏剧性的情节延伸,这就好比小时候听到的故事,跌宕起伏的内容才会吸引人。路演中的故事,为了保证路演的效果,可以在真实案例的基础上进行适当的加工,也是这个道理。

3. 精要幻灯片准确传递给观众信息

在路演中,要做到视觉效果简洁明了,通过幻灯片的恰当制作,实现观点简要的表达,并随时聚焦观众的关注点。要实现这个目标,幻灯片的核心要求是"简单",每张幻灯片只介绍一个观点;尽可能使用图像介绍;幻灯片不是讲述要点,而是强调;以简单、吸引人的方式呈现数据;保持简单,少即是多。

(1)图像的使用是用来表达情感的。尽量少用文字,需要的话,可以使用关键字代替长句的表达,更多地使用恰当的图像。例如,如果想表达"要随时准备好失败",就可以用这样的图像来展示:背景是满载的船舶在海上航行中遭遇特大风浪,有翻船的危险,前景是表达情感的主题文字,这可以让观众身临其境,切身体会到"要随时准备好失败"的心理。

(2)明确要旨并着重强调。例如,想表达你每天的(细微)选择可以改变你的生活,这时需要着重强调"改变"这个词,这能够帮助观众抓住你想表达的要点。

(3)简单的可视化数据。例如,如果想表达新网站的流量数据,你可以使用一个简单的柱形图,这样观众能够更直观地看到数据。例如,你想表达 TED 大会在全球的数据,可以用一个表格来展示,表格中的信息包括:举行了多少场活动,在多少个城市举行,在多少个国家举行,这就能清晰地表达出 TED 大会覆盖全球的数据。

4. 精彩的现场演讲实现观众情感共鸣

在路演过程中,演讲人的现场表现非常重要,强烈的舞台意识、高超的演讲能力、良好的个人形象、熟练的控场能力,都会为最终呈现给观众的路演效果加分,从而实现和观众情感上的共鸣,帮助创业企业实现路演的最终目标。

(1)熟悉路演环境。路演前需要做好充分的准备才能无所畏惧。充分的准备不单单是针对路演内容,整个路演过程中的任何一项工作都应该做好准备。事先了解路演环境,包括投影仪、话筒、翻页器等是否适合自己使用,把握度会随着对场景的熟悉度而提高,提前到会场跟观众交流,了解他们的情况,对即将开始的路演都有重要的帮助。

(2)路演者需要呈现出专业形象。路演中观众对路演者的第一印象非常重要,这一印象虽然是基于外在形象形成的,包括身高、长相、着装、表情、动作等,但是基于这一外在形象形成的印象,却会直接影响观众对于路演企业的主观判断,最终影响路演的效果。一般情况下,路演作为正式的商务场合,需要路演者着正式商务装,男士:整套西装、浅色长袖衬衫、领带、皮鞋、皮带统一颜色与材质,头发修剪整洁;女士:单色商务套装、简单妆容、盘发、成套首饰、制式皮鞋。同时,在整个路演过程中,肢体语言应庄重,不产生歧义,站姿挺拔,坐姿端正,眼神坚定,严格进行表情管理,不夸张不谄媚,通过职业的微笑状态,为自己和整个团队加分。

(3)良好的演讲技巧。路演主要靠路演者的口头语言表达,因此良好的演讲技巧对路演的成功至关重要。开场一定要做到声音洪亮,镇定自信,可以让听众把注意力放在你身上。在路演过程中,要注意书面语和口语之间的比重,过于书面化,会让观众觉得枯燥乏味,还会影响理解;过于口语化,又会让观众感觉不够隆重和正式,所以要在做到通俗易懂的基础上,适当注意语言表达的正式性。在演讲过程中,可以配合肢体语言的表达,如恰当地使用手势的表达,伸开双臂、握拳、向前推开等,可以为路演加分,但是不要过度,否则会产生严重的副作用,如用食指指向观众、过于频繁使用手势等。

(四)项目路演的常见问题

无论是在初次会面还是在接下来的场合中,潜在投资者都会向创业者提出一系列的问题。聪明的创业者对这些问题已经有了可靠的预测,并做好了接受询问的准备。因为投资者常常很挑剔,所以创业者很容易感到气馁,特别是在投资者对商业计划的各个方面提出问题时。在商业计划的竞争中,介绍环节之后的问答环节通常也是这种情况。实际上,投资者如果能够发现商业计划或其介绍环节中的弱点,对创业者而言是很有帮助的。因为创业者可以牢记该投资者的反馈,改进其商业计划和/或介绍方式。

下面是创业项目路演常见的问题列表,建议提前做好准备。

(1)为什么要创业?
(2)如果用一句话(或 30 秒)来描述你们所做的是什么,你如何来描述?
(3)产品解决了市场的什么问题?
(4)单元市场有多大?
(5)商业计划书中的数据现实吗?
(6)产品有什么特别之处?为什么在解决这个问题上,该产品可以做得很好?
(7)创业者和团队有什么过人之处?
(8)核心团队是什么样的?
(9)对竞争对手了解多少?
(10)竞争对手是谁?如何击败他们?
(11)拥有的付费客户有多少?
(12)客户获取的计划是否准确?客户来源是否稳定?
(13)获客成本如何?获客方式是否合理?
(14)达到了什么样的里程?
(15)要融资多少钱?为什么要融资这么多钱?
(16)拿到资金了准备怎么用?如何利用资金?
(17)除了资金,还希望投资人给予什么支持?
(18)项目投资风险如何?
(19)项目投资风险点具体在哪里?
(20)项目的政策支持情况如何?

课中实训

实训一　为你(们)的创业项目撰写创业计划书

请根据如下格式,为你(们)的创业项目撰写一份创业计划书。

摘要

说明:在两页纸内完成本摘要。

1. 公司基本情况（公司名称、成立时间、注册地区、注册资本、主营业务、创业团队情况、公司地点、联系人、电话等）

2. 产品/服务描述（产品/服务介绍，产品/服务的竞争优势，产品技术水平（如有）等）

3. 行业及市场情况（行业历史与前景，市场规模及增长趋势，行业竞争对手及本公司竞争优势，未来 3 年的市场销售预测）

4. 营销策略（在价格、促销、建立销售网络等方面拟采取的策略等）

5. 融资说明（资金需求量、用途、使用计划，拟出让股份，投资者权利，退出方式）

6. 财务预测（未来 3 年或 5 年的销售收入、利润、资产回报率等）

7. 风险控制（项目实施可能出现的风险及拟采取的控制措施）

第一部分　公司基本情况

公司名称_____

成立时间_____

注册资本_____

实际到位资本_____

其中现金到位_____

注册地点_____

公司地点_____

公司性质_____

例如:有限公司、股份有限公司、合伙企业、个人独资等,并说明其中国有成分比例和外资比例。

公司主营业务有_____、_____、
_____、_____、_____。

公司近期及未来3~5年要实现的目标(行业地位、销售收入、市场占有、产品品牌等)。

公司近期及未来3~5年的发展方向、发展战略和要实现的目标。

创业团队情况。

董事长(如有)

姓名   性别   年龄   籍贯   联系电话
学历   学位   所学专业   职称
毕业院校
主要经历和业绩:着重描述在本行内的技术和管理经验及成功事例。

总经理

姓名   性别   年龄   籍贯   联系电话
学历   学位   所学专业   职称
毕业院校
主要经历和业绩:着重描述在本行业内的技术和管理经验及成功事例。

(其他对公司发展负有重要责任的人员 1)

姓名　　　　性别　　　　年龄　　　　籍贯　　　　联系电话

学历　　　　学位　　　　所学专业　　　　职称

毕业院校

主要经历和业绩:根据公司的需要,描述不同人员在特定方面的专长。

(其他对公司发展有重要责任的人员 2)

姓名　　　　性别　　　　年龄　　　　籍贯　　　　联系电话

学历　　　　学位　　　　所学专业　　　　职称

毕业院校

主要经历和业绩:根据公司的需要,描述不同人员在特定方面的专长。

(其他对公司发展有重要责任的人员 3)

姓名　　　　性别　　　　年龄　　　　籍贯　　　　联系电话

学历　　　　学位　　　　所学专业　　　　职称

毕业院校

主要经历和业绩:根据公司的需要,描述不同人员在特定方面的专长。

第二部分　产品/服务描述

产品/服务描述(这里主要介绍拟投资的产品/服务的背景、目前所处的发展阶段、与同行业其他公司同类产品/服务的比较,本公司产品/服务的核心竞争力,如拥有的专门技术、版权、配方、品牌、销售网络、许可证、专营权、特许权经营等)。

第三部分　行业及市场情况

行业情况(行业发展及趋势,哪些行业的变化对产品利润、利润率影响较大,政策限制等,行业市场前景分析与预测)。

过去 3 年或 5 年各年全行业销售总额:必须注明资料来源。

(单位:万元)

年份	前 5 年	前 4 年	前 3 年	前 2 年	前 1 年
销售收入					
销售增长率					

未来 3 年或 5 年各年全行业销售收入预测:必须注明资料来源。

(单位:万元)

年份	第 1 次	第 2 次	第 3 次	第 4 次	第 5 次
销售收入					

本公司与行业内 5 个主要竞争对手的比较:主要描述销售市场中的竞争对手。

竞争对手	市场份额	竞争优势	竞争劣势
本公司			

市场销售有无行业管制,公司产品进入市场的难度分析。

公司未来 3 年或 5 年的销售收入预测(融资不成功的情况下):

(单位:万元)

年份	第 1 年	第 2 年	第 3 年	第 4 年	第 5 年
销售收入					
市场份额					

公司未来 3 年或 5 年的销售收入预测(融资成功情况下):

(单位:万元)

年份	第 1 年	第 2 年	第 3 年	第 4 年	第 5 年
销售收入					
市场份额					

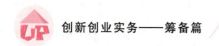

第四部分　营销策略

产品销售成本的构成及销售价格制订的依据。

如果产品已经在市场上形成了竞争优势,请说明与哪些因素有关(例如,虽然成本相同,但销售价格低、成本低而形成的销售优势,以及产品性能、品牌、销售渠道优于竞争对手的,等等)。

在建立销售网络与销售渠道、设立代理商、分销商方面的策略与实施。

在广告促销方面的策略与实施。

在产品销售价格方面的策略与实施。

在建立良好销售队伍方面的策略与实施。

产品售后服务方面的策略与实施。

其他方面的策略与实施。

对销售队伍采取什么样的激励机制。

第五部分　融资说明

为保证项目实施,需要新增投资多少_____万元,新增投资中,需投资方投入_____万元,对外借贷_____万元,公司自身投入_____万元。如果有对外借贷,抵押或担保措施是什么?

请说明投入资金的用途和使用计划。

是希望让投资方参股本公司还是投资合作成立新公司?请说明原因。

拟向投资方出让多少权益?计算依据是什么?

预计未来3年或5年平均每年净资产收益率是少?

投资方可享有哪些监督和管理权力?

如果公司没有实现项目发展计划,公司与管理层向投资方承担哪些责任?

投资方以何种方式收回投资,请说明具体方式和执行时间。

在与公司业务有关的税种和税率方面,公司享受哪些政府提供的优惠政策及未来可能的情况(如市场准入、减免税等方面的优惠政策)。

需要对投资方说明的其他情况。

第六部分　　财务计划

产品形成规模销售时,毛利润率为_____％,纯利润率为_____％。
请提供未来3~5年的项目资产负债表、项目损益表、项目现金流量表。

第七部分　　风险控制

请详细说明该项目实施过程中可能遇到的风险及控制、防范手段(包括政策风险、技术开发风险、经营管理风险、市场开拓风险、生产风险、财务风险、投资对公司关键人员依赖的风险等。以上风险若适用,则需要说明每项的控制和防范手段)。

实训二　为你的创业项目路演

请按照下面主题及其说明,为自己的创业项目准备路演PPT、进行路演。

主题	说明
标题页	在开场时介绍你的公司名称、创始人姓名和公司徽标(如果有)
问题	简要说明待解决的问题或待满足的需求
解决方案	说明你的企业将如何解决该问题或满足该需求
机会和目标市场	指明你的特定目标市场。介绍能够为你的目标市场提供动力的商业趋势和环境趋势

续表

主题	说明
技术	该幻灯片不是必需的,但通常会包含在内。对你的技术或者你的产品或服务所具有的任何不同寻常的方面进行介绍。不要用过于专业的方式介绍技术。请尽量使你的描述有趣且易于理解
竞争	具体说明企业在市场上的竞争优势,以及它将如何与更资深的竞争对手展开竞争
营销和销售	描述你的整体营销策略;介绍你的销售流程。如果你已经就人们对产品的感受做了一手资料研究,请报告其成果
管理团队	描述你的现有管理团队。说明该团队是如何组建的,以及他们的背景和专业知识将在企业迈向成功的过程中起到何种关键作用。如果有顾问委员会或董事会,请简要介绍其中的关键人员。如果你的团队有缺陷,请说明如何填补以及何时填补
财务预测	对财务状况进行简要讨论。强调企业实现盈利的时间、达到目标需要筹集的资金,以及其现金流实现盈亏平衡的时间。如果需要妥当地展示这些信息,可以使用额外的幻灯片,但不要超过必要限度
现状	根据迄今为止企业达到的里程碑来描述其现状。不要低估你所创造的成就价值
融资情况	明确列出你需要融资的数额和你将如何使用这些款项
总结	结束介绍。总结你的企业和团队的最大优势;征求听众的反馈

复盘反思

1.知识梳理:通过"创业资源的获取"的学习,你掌握了哪些与创业资源相关的知识?请画出思维导图。

2.应用知识:本项目的学习对你的创业是否有意义?是否会影响到你的创业计划?

3.方法反思:在完成本项目学习和实训的过程中,你学会了哪些分析和解决问题的方式?

4.践行反思:在完成本项目学习和实训的过程中,你认为自己还有哪些地方需要改进和提升的?

课后提升

【阅读与思考】 今日资本创始人徐新:我只投资商业嗅觉灵敏的创业者

说到亚洲商界较具影响力的女性,就要提及徐新。她聚焦互联网、消费品、新零售等领域,曾经投出了网易、娃哈哈、中华英才网、京东、美团、永辉生活、盒马鲜生、小米之家、三只松鼠、叮咚买菜、知乎等多家知名企业。外界对其评价是"凭直觉一掷千金的创投女王""目光敏锐的商海伯乐"。

在创投圈流传着这样一句话:"100万个创业想法中,只有6个能成功。"徐新表示,投资者回报一般是"二八定律",即用20%的投资赚80%的回报,剩下的80%的投资都是打水漂。所以说,创投领域不是一本万利的,在选择创业者时也要有一套自己的逻辑。徐新首先在乎创业者是否对市场敏锐的洞察力。她再三强调:创业者要能看到别人看不到的。娃哈哈宗庆后先人一步,打开了中国瓶装饮用水新市场;网易丁磊创造了中国网络游戏新赛道;京东刘强东打造了仓储物流新电商模式;三只松鼠成为中国首家纯互联网食品品牌;携程开辟了在线票务服务新领域;叮咚买菜最早领悟"得生鲜者,得天下"的道理。这些创业者都具备了很好的洞察力。

除了敏锐的洞察力,徐新还指出,在这个快速发展的互联网时代,创业者还要具有超强的学习能力,前期一定要"舍命狂奔,迅速成长"。聚焦互联网行业20年的徐新表示,互联网是一个固定成本很高,但是浮动成本很低,只有迅速成长,才有希望做大。互联网企业的结局要不就是做大,要不就是出局,不可能存在中间状态,让你做个中型企业慢慢往上爬。

思考:你认可徐新的观点吗?

启示:投资人在考察一个项目的时候,更多的是考察创始团队对于市场是否敏锐,对于消费者的洞察是否深刻。在竞争越来越激烈的市场中,能够切入一个需求相对未被满足的细分领域,迅速决策并乘胜追击,才会得到资本青睐。

参考文献

[1] 陈承欢,杨利军,王磊.创新创业指导与训练[M].北京:电子工业出版社,2022.

[2] 陈卓国.创新思维与方法[M].湖北:华中科技大学出版社,2019.

[3] 菲利普·科特勒,凯文·莱恩·凯勒.营销管理[M].14版·全球版.北京:中国人民大学出版社,2012.

[4] 桂曙光,陈昊阳.股权融资:创业与风险投资[M].北京:机械工业出版社,2021.

[5] 焦晓波,刘冬华,陈汉辉.创新创业教程——思维、原理与实践[M].北京:人民邮电出版社,2021.

[6] 蒋里,[德]福尔克·乌伯尼克尔.创新思维:斯坦福设计思维方法与工具[M].北京:人民邮电出版社,2022.

[7] 李家华.创业基础[M].2版.北京:清华大学出版社,2015.

[8] 林嵩.创业资源的获取与整合—创业过程的一个解读视角[J].经济问题探索,2007.

[9] 刘霞,宋卫.大学生创新创业基础与实践[M].北京:人民邮电出版社,2021.

[10] Masud, Khawaja Saud. "UnderstandingStartup Valuation." Medium, 2 Oct. 2018, https://medium.datadriveninvestor.com/understanding-startup-valuation-a393f6fadc6f.

[11] 马克·J.多林格.创业学——战略与资源(第三版).北京:中国人民大学出版社,2006.

[12] 买忆媛,徐承志.工作经验对社会企业创业资源整合的影响[J].管理学报,2012(1).

[13] 彭新宇,陈承欢,陈秀清.职业素养的诊断与提高[M].北京:电子工业出版社,2018.

[14] 斋藤孝.思考上瘾[M].北京:中国人民大学出版社,2022.

[15] 钱长松.创新创业指导[M].辽宁:山东人民出版社,2020.

[16] "融资的A、B、C、D轮详解及股权融资10个法律问题."中国管理会计网,2021.

[17] 宋京双,冯峰,宁敏.大学生创新创业教育"金课"教程[M].北京:清华大学出版社,2021.

[18] 舒瀚霆.团队精进五项修炼:团队成长的45个关键技能[M].北京:北京联合出版社,2021.

[19] 文森特·赖安·拉吉罗.思考的艺术[M].11版.北京:机械工作出版社,2019.

[20] 杨京智.大学生创新创业基础(大赛案例版)[M].北京:人民邮电出版社,2020.

[21] 杨哲旗,林海春,申珊珊.创业基础——理论与实务[M].北京:电子工业出版社,2022.

[22] 约翰·杜威.我们如何思维[M].上海:华东师范大学出版社,2020.

[23] 张乐飞.独具匠心:做最小可行性产品 mvp 方法和实践[M].北京:人们邮电出版社,2021.

[24] 张玉利等.创业管理[M].3版.北京:机械工业出版社,2013.

[25] 周苏,戴海东.创新思维与创新方法[M].天津:南开大学出版社,2018.

[26] 朱秀梅,费宇鹏.关系特征、资源获取与初创企业绩效关系实证研究[J].南开管理评论,2010(3).